ちくま新書

沖縄報道

——日本のジャーナリズムの現在

山田健太
Yamada Kenta

1362

沖縄報道――日本のジャーナリズムの現在【目次】

はじめに――温度差から対立・分断へ

かつては「温度差」と呼ばれていた沖縄と本土の意識差は、その後「溝」となり「対立」へとより深刻化している。さらに悲観的にいうならば、いまや「分断」(断絶)ともいえる状況にまでなっているともいえる。それとともに、「沖縄差別」あるいは「沖縄ヘイト」なる言葉が市民権を得るような状況にもなってきた。

こうした状況は、当然ながら自然発生的に生じたものではない。そこには、オキナワを報じるメディアが大きく関与している。本書では、そうしたメディア状況を紹介し、沖縄のメディアと県外のメディアが何を報じ、あるいは報じていないのかの実情と、それを生み出す構造を解き明かしていきたい。

その糸口の一つは、メディア自身を知ることである。そこで、沖縄の新聞・テレビの歴史と現況をまとめている(第一・二章)。日本の本土メディアとの違いが興味深い。そのうえで、沖縄差別なるものの内実を探る。その差別観を引き起こしているメディアの責任は重い（第三・四章）。

一方で、沖縄メディアが議論の俎上に上るとき、沖縄地元紙が米軍基地問題に関して一方的な言説しか紹介せず、偏向しているのではないかということのみが焦点に取り上げられがちだ。関連して最近ではネットを中心に、そもそも地元紙に限らず日本のメディア全体が、沖縄の「真実」を伝えていないのではないかというマスメディア総体に対する批判にも繋がってきている（第五・終章）

これは、メディアの主張がどうであれ厳然と存在する、米軍基地問題に代表される今日の沖縄が抱える数々の問題と直結している。その解決に、私たちがどう関わっていくことができるのか、その議論の素材を提供することができればと思う。同時に本書が、民主主義社会の維持・発展には不可欠な、ジャーナリズムのありようを考えるきっかけになれば幸いである。

本書のタイトルである「沖縄報道」を語る上で、二つのお断りをはじめにしておく必要があろう。

一つは、あえて〈新聞〉を主たる題材に上げていることである。すでに今日の日本社会においては（それは世界的潮流でもあるが）、紙の新聞はもはやメディアのトップランナーではなくなっている。少なくとも、若者層をはじめ一般市民がニュースを得る手段として接触するメディアは、インターネットであることが一般的で、それ以外だとテレビやラジオが日常生活に占める割合が高いことと容易に想像される。

それでも現在において、多くの国ではインターネット上を含む、世の中の生ニュースを発信しているものの中核には新聞社が存在する。例えば、グーグル（Google）にしろヤフー（Yahoo!）にしろ、あるいはライン（LINE）やスマートニュース（SmartNews）にしろ、そのニュース提供元の多くは、いまだに新聞社や新聞社が経営上で支えていることが一般的な通信社であるのが現実だ。すなわち「報道」機関としての新聞社は、賞味期限が切れているどころか、そのど真ん中に居続けているということだ。

それは当然、沖縄関連ニュースにも通じ、だからこそおそらく、普段は沖縄地元紙を読まない（もっといえば新聞そのものを読む習慣がない）にもかかわらず、本土の一部市民から沖縄発の新聞情報が、大きな非難の対象となっているのだ。もし、全く社会的影響力がないならば、わざわざ批判する必要や、潰してしまえと声高に叫ぶ必要はないことになるからだ。

もう一つは、あえて沖縄とそれ以外の日本を分離し、「沖縄」と「本土」という対立軸を設定していることだ。場合によってそれは、ためにする議論に陥る可能性すらあるが、現実の政治、社会、そして言論状況を見る限り、あえて対立構造を把握しておくことは大切だからだ。

沖縄から見て沖縄以外の日本を指す、あるいは沖縄県民から県外の人を指す言葉としては、「ナイチャー（内地の人）」や「やまとんちゅ（大和の人）」などがあるが、本書では「本土」を原則として使うことにする（ちなみに、沖縄県民をさす言葉としては、「ウチナーンチュ［うちなんちゅ］」がある）。

いうまでもなく、沖縄以外の各道府県においても、さまざまな文化歴史を育んでいるわけで、沖縄だけを特別視し、そのほかを十把《じっぱ》一絡《ひとから》げにすることは好ましくないが、本書において「本土」は、日本の政治的中心であり、中央政府の所在地である「東京」とほぼ同意語であると捉えてもらいたい。

いま沖縄は、日本の民主主義の試金石であるとともに、日本のジャーナリズムが試されている地だ。

序章 忖度《そんたく》

†だれに〈忖度〉しているのか

二〇一七年の流行語大賞は「忖度」だった。森友・加計学園問題における政府意向を忖度した各省庁の怪しげな動きをさしたものと思われるが、少なくとも表現活動分野において、こうした「上」をみての態度は一二年ころから見え隠れするようになり、一四年から顕著な傾向として社会的ニュースになってきた。たとえば、美術館における作品撤去要請や、音楽イベントに対する政治的テーマ排除の要請、地方自治体の憲法テーマの集会等に対する後援返上などの動きである。

この詳しい状況はあとでまた触れたいと思うが、そうした大きな流れのなかで、新聞やテレビもまた、「忖度」報道と呼びうる状況が現出してきている。たとえばその典型例が、沖縄駐留米軍をめぐる言葉の遣い方である。一六年十二月十三日の名護《なご》市安部《あぶ》で起きたオスプレイ機事故に関する報道では、次ページに示す通り放送番組や新聞紙面において、事故を表す用語に大きな違いが見られた。その違いは、あえて単純化すれば、〈沖縄と東京〉〈政府寄りと沖縄寄り〉の二つの要素のかけあわせで分かれているともいえよう。

表記は大きく、①不時着、②大破、③墜落、に分かれた。

① （不時着）　読売、産経、日経〔注1〕

①＋② （不時着し大破）　ＮＨＫ〔注2〕、フジ、テレビ朝日〔注3〕、日本テレビ

② （大破した事故）　毎日、朝日、ＴＢＳ〔注4〕、琉球放送（ＴＢＳ系列）

③ （墜落事故）　琉球新報、沖縄タイムス、沖縄テレビ（フジ系列）、琉球朝日放送（テレビ朝日系列）〔注5〕

注1：二〇一七年九月十一日付では「オスプレイ不時着　大破事故」と表記
注2：ＮＨＫ沖縄は②（大破した事故）
注3：報道ステーションは②
注4：報道特集は③（墜落事故）、ＮＥＷＳ23は②＆③
注5：事故当初は防衛省発表を受け、「不時着事故」と報じたものあり

ちなみに、沖縄メディアが「あえて」大げさに表現しているのかといえば、そうではなかろう。その傍証となるのが二つの紙面である。一つは、同事故を米軍準機関紙である「星条旗新聞（Stars and Stripes）」自体が、「ＣＲＡＳＨ（墜落）」と表記していることが挙げられる（その後に公表された米軍調査報告書でも、搭乗員が制御不能の救難信号「メーデー」

を発信したとの記載がある)。もう一つが、すぐ後に同じ沖縄県内(しかも同じ沖縄北部地区)で起きた、運航不能となり民間地に落ちた米軍ヘリ事故においては、沖縄メディアも「墜落」は使用せずに紙面化していることだ。

政府発表によれば、「パイロットが最後まで操縦を制御できていた」し、産経新聞では「残骸は一カ所に固まっている」ので不時着であると解説するが、もし同様の民間機の事故が本土で起きた場合、どのような報道をするか想像すれば、明らかに「大破事故」であり、おそらく「墜落」とするのが、もっともわかりやすい報じ方であろう。少なくとも、「不時着」や「不時着水」なる用語は使用しないと思われる。それは読者・視聴者に違和感を与えるからだ。

また通常、公的機関の発表した用語を新聞やテレビは必ずしもそのまま使用はしていない。福島原発事故後によく見聞きする「汚染水」も、当初、東京電力や所管官庁(原子力安全・保安院、現在の原子力規制委員会)の発表用語は、「低濃度放射性廃液」とか「高濃度の放射性物質を含む水」などと表現されていた。メディアが、「わかりやすさ」を優先して言い換えている一例だ。あるいは逮捕された犯人と目される人物の呼称も、いまは「容疑者」が一般的だが、これも警察発表は被疑者であり、裁判が始まれば被告人が正式な法律用語だ。容疑者はメディアが作った造語である。こうして、読者・視聴者に分かりやすい用語が使用されるのが常なのである。

ここからわかるのは、十二月の安部における米軍ヘリ事故において、各メディアが三つの異なった表記を使用するにあたっては、「熟慮」の結果、あえて異なる表記で報じているということだ。単に沖縄あるいは基地問題に対する無関心や無理解から、表記が分かれているのではなく、政府あるいは米軍に対する「思いやり」や、あるいは彼らの強い意思が働いている結果といえるだろう。

ちょうど当時の政治状況を考えれば、オスプレイに関しては沖縄県内で普天間《ふてんま》への配備に強い反対の声があった。また、まだ十分に顕在化していないものの、地元ではすでに配備されたオスプレイに対する騒音問題で、宜野座《ぎのざ》や高江《たかえ》では無視しえない状況が続いており、さらに安全面でも問題が生じれば、現在進行形の運用にも影響を与えかねない状況であった。

そして何よりも、日本は米国より大量のオスプレイの購入を約束している立場でもあり（二〇一七年現在、陸上自衛隊に一七機＝三六〇〇億円の予定で、さらに増額の可能性もある）、これらは、本土・佐賀空港へ配備予定だ。そのためには、その安全性に疑問符が付くようなことは絶対に避けなければならない。

こうした報道こそが、まさに「忖度」ではないか、と言われる所以なのである。

†いつから〈忖度〉が始まったのか

では、こうした忖度は、いつからどのような形で始まっているのか。ある日突然に生まれるものではないことはいうまでもないが、その大きな流れは二一世紀に入ってからとみてとれる。

二〇〇六年に発足した第一次政権以降、安倍内閣の特徴の一つは、表現の自由に対して制約的であることだ。この間、わざわざ表現の自由や取材・報道の自由に「配慮」や「留意」することを明文化せざるをえない法律が制定されたほか、情報公開法・公文書管理法の解釈変更により、知る権利の空洞化が進んだ。実は、こうした断り書きがついた法律は四つあるが、そのいずれもがこの内閣と深い関係にある。

第一次安倍政権のときの憲法改正手続法（日本国憲法の改正手続に関する法律）では、「この節及び次節の規定（国民投票運動と罰則の規定をさす＝筆者注）の適用に当たっては、表現の自由、学問の自由及び政治活動の自由その他の日本国憲法の保障する国民の自由と権利を不当に侵害しないように留意しなければならない」（一〇〇条）としている。

続いて第二次安倍政権のときに強行成立した特定秘密保護法（特定秘密の保護に関する法律）では、「この法律の適用に当たっては、これを拡張して解釈して、国民の基本的人権を不当に侵害するようなことがあってはならず、国民の知る権利の保障に資する報道又は取材の自由に十分に配慮しなければならない」(二二条一項)と定める。

さらに安倍政権時に集団的自衛権の行使に伴い大きく拡充された安保関連法のなかにも同様の規定がある。第一次安倍政権の前の小泉政権時に成立した武力攻撃事態対処法とともにできた国民保護法(武力攻撃事態等における国民保護のための措置に関する法律)では、「国及び地方公共団体は、放送事業者である指定公共機関及び指定地方公共機関が実施する国民の保護のための措置については、その言論その他表現の自由に特に配慮しなければならない」(七条二項)となっている。

そして、第三次安倍政権でできたのが「共謀罪」法(日本の組織的な犯罪の処罰及び犯罪収益の規制等に関する法律)である。「テロリズム集団その他の組織的犯罪集団による実行準備行為を伴う重大犯罪遂行の計画」(六条の二)について、「取調べその他の捜査を行うに当たっては、その適正の確保に十分に配慮しなければならない」(同条四項後段)としている。これは、内心の自由に踏み込む恐れがあるから、「配慮」をいっているとされている。

つまり、侵害する危険を十分承知しているからこそ、わざわざこうした規定(条文)を入れざるをえなかったということになる。まさに裏表の関係で、いかに言論・表現活動に関し制約的な法律をつくり続けているかということがわかるだろう。

この「配慮」について、二つのことがいえる。一つは、そもそも憲法に保障されていることをなぜあえていうのか、という点だ。やはりその法律に自由を侵す危険性があるということの証左であろう。もう一つは、単に「配慮」するとだけいっているのではないことに注意が必要である。秘密保護法に端的に示されているが、続く二項では、「取材行為については、専ら公益を図る目的を有し、かつ、法令違反または著しく不当な方法によるものと認められない限りは、これを正当な業務による行為とする」と規定されている。

これはまさに、クロ（違法）でなくてもグレー（不当）であれば捕まえるということである。しかも、「公益」が規定されているわけではないし、「不当な方法」も現場の判断だったり、裁判官の心証であったりする。警察官や裁判官が社会通念に基づいて判断することが、恣意的な判断になるのではないか、との問題が当然生じることになるわけだ。

†戦後メディア史と報道機関への圧力

安倍内閣の特徴の第二は、政府・自民党として報道機関に対して抑圧的であることだ。典型的なのは選挙の際に放送局に示されてきた抗議や要請の数々であり、それに伴う政府の放送法解釈変更に拠る行政介入の余地の拡大である。米軍基地新設に反対する沖縄メディアや原発事故に批判的な言動に、ことさら強い姿勢を示すことも特徴といえよう。

ただしこうした政府姿勢を、安倍政権の特異なキャラクターや自民党政権独特の姿勢と捉えるのは、あまりに短絡的である。政党発放送局への文書要請は民主党時代にもあったし、むしろいまのような個別具体的な番組作りに対する指示を事実上強いる、こうした政府とメディアの関係を考えるには、より長期的な視点で見ることで分かることがある。とりあえずここでは、戦後のマスメディアの歴史を表現の自由の観点から、以下の四つの時代区分で考えてみたい。それによって、いまの忖度が突然出てきたものではないことに気が付くはずである。

①構築の時代（五〇～六五年）
②躍動の時代（六五～八五年）
③挟撃の時代（八五～〇五年）
④忖度の時代（〇五年～現在）

少しだけ各時代を説明するならば、「構築」とはまさに表現の自由に関する法・社会制度が整備されていった時代だ。放送法をはじめとする電波三法が成立し、いまに続く放送制度が固まっていったのもこの時代だし、なによりも憲法が制定され真の言論・表現の自由を国民が手にし、一方では報道の自由やデモ・集会の自由、猥褻表現の限界が、判例を通じて少しずつ固まっていった時代でもある。

そして次の「躍動」は、別の言い方でいえば「やんちゃな時代」ということができる。新聞・雑誌・テレビも、様々なジャンルでチャレンジングな紙誌面・番組作りを実行した。たとえば政府批判もいまより直接的であったし、エログロと称されるようないわばピンク番組が流されたりもした。一方で政治の側も、これらに対し抗議なかんずく放送中止をあからさまに伝えるなど、双方がやりたい放題をし、その攻防が続いた時代ということができるだろう。

しかしこうした時代は、八五年ころを境に大きく変わっていく。メディアは、政府とともに市民からも強い批判にさらされ、双方からの「挟撃」にあって、自らの変革を余儀なくされていくからだ。例えば事件・事故報道では、市民社会からの被疑者・被告人の報道が犯人視であるとの批判を受け、呼び捨てから容疑者呼称付きの報道に変更するなどした。

†狭まる表現可動域

一方で政府は、こうした批判を利用する格好で、規制色が強い立法を企図していった。

さらには二一世紀に入ってから、メディアなかんずく表現の自由を取り巻く環境は、より厳しさを増すことになる。それは次ページの図に見られるように、本来の表現の自由の限界線よりも手前に、唯一の立法機関である国会以外の者が「仮想壁」を作り、表現の自由の可動域を狭める事態が続いているからである。その壁を作る者の一つが行政であり、そして今日的特徴は、こうした立法・行政の動きに呼応するかのように広がる、様々な局面における「忖度」状況である。

各自治体や公営の社会施設である美術館や公民館の対応が、まさにこれに当たる。政治的中立性が強く要請される空気が蔓延し、その結果、政府方針に批判的な言動は、社会的批判の対象となる傾向が強まっているということだ。

さらにこうした状況をもう少し丁寧にみていくと、一九八五年以降の「負のスパイラル」が見えてくる。そしてこの螺旋階段は、市民と立法、行政の三者の間で進んでいる。

・一九八五年以降　メディア批判↓規制立法化↓行政介入
・二〇〇三年以降　メディア不信↓規制立法↓行政圧力
・二〇一四年以降　メディア否定（潰し）↓規制立法↓忖度↓政権圧力↓忖度……

表現の自由を狭める仮想壁

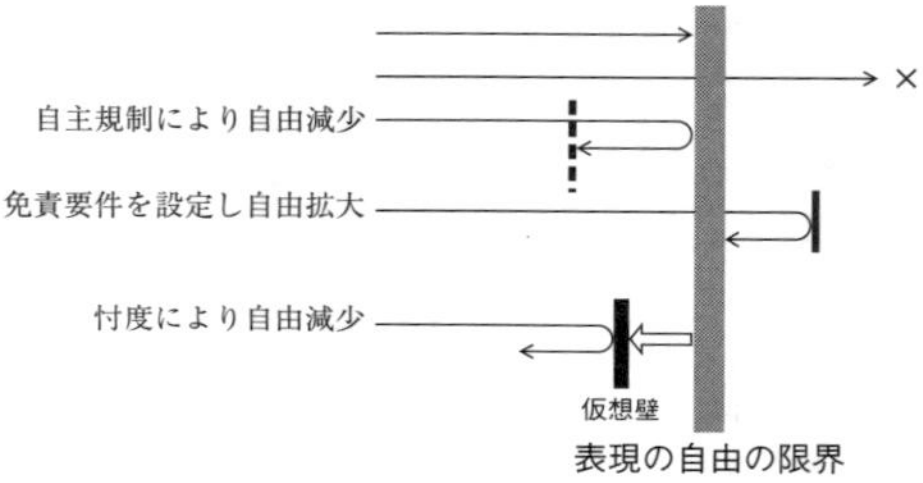

すなわち、市民社会におけるメディアに対する姿勢は、当初、「批判」であったものが、「不信」に変わり「否定」になって今日に至っているということだ。この対メディアの姿勢の変化が、政府・政治家の姿勢に強い影響を与えているとみられる。八〇年代後半から九〇年代にかけて、政府はこうした批判に乗じて直接的な表現規制を企図する立法を矢継ぎ早に提起した。個人情報保護法案・人権擁護法案・有害環境対策規制法案のいわゆるメディア規制三法がその典型例である。秘密保護法が国会上程されたのも、この時期である。

そして特徴的なのが、この時の法案は最終的に、いずれも事実上廃案になったことである。メディア批判をしていた市民社会も、だからといって政府によるメディア規制は認められないということで、最後には「政府vs.メディア＋市民」の構図が出来上がったことが、大きな要因である。市民はメディアを見捨てなかったのである。

もちろんこれに対し行政は諦めることなく、介入を少しずつ進めることになる。たとえば放送法の解釈を一八〇度変え、政府が個別番組に対し善し悪しを判断することを明らかにし、司法は名誉毀損の場合の損害賠償額を大幅に引き上げ、結果として自由な報道を抑制する効果をもたらすことに成功した。逆にいえば市民の側も、国（司法や行政）が行儀の悪いメディアを懲らしめることには賛意を示したということだ。

こうした状況は、メディア不信に変化する中でさらに変わっていくことになる。政府の提案する表現規制立法がことごとく成立する事態を迎えたからである。先に、配慮という名の規制であると指摘した法律群とも重なるものである。安保関連法（武力攻撃事態対処法、国民保護法）、改正教育基本法、憲法改正手続法、特定秘密保護法のほか、個人情報保護法や子どもポルノ禁止法の改正などがこれにあたる。

有効な規制手段を手にした政府は、より強力な「圧力」をメディアに対して行使することになる。市民社会全体もこうした行政の圧力を否定することなく、時にはより強力な行政権の行使を求め、さらにこうしたなかで、次の立法措置を生むことに繋がっていった。立法・行政・市民社会間での相互作用による、表現規制の負の連鎖である。

そのいわば最終形が今日であるともいえ、政治家も含めた社会全体がメディア潰しに躍起になり、規制立法の動きは続き、行政なかんずく官邸（政権）からの圧力はさらに強まり、そうしたなかで自ら表現を自制するといった「忖度」状況が続いているということだ。

しかも、マスメディアをいまや「不要」と思うどころか、「無視」する（もしくは「無関心」な）関係が生まれつつある。そうなると、忖度を止めるものはますますなくなっていくし、常態化すればそれが固定化していくことになるだろう。

自主規制は当然にあり得るし、忖度自体に悪い意味はない。しかし、外的要因に基づいた自制は萎縮であり、こうした萎縮を必要以上に行うことは、自らの表現の自由を蔑《ないがし》ろにするものであって、好ましくないことは自明であろう。

†表現の自由はより制約的に

こうしたなか、沖縄は当然ながら、日本社会としての構築の時代を有していない。躍動の時代もほぼ同様である。この間は、まさに米軍統治下として「不自由」を力によって強いられてきたわけだ。そしてその後の、まさにメディア潰しの時代に、突然放り込まれたといってもよかろう。ただし、市民社会がメディアを見捨てることなく、支える姿勢を見せているのが本土との相違ということができる。

いま、憲法改正の議論が始まっている。表現の自由の関係では、緊急事態条項の創設と表現の自由状況における但し書きの挿入が予定されているようだ。前者の肝は私権の制限であり、報道機関も対象となる。現行法でも指定公共機関として、政府への人員や機材の提供などが要請されているが、有事ではこれらが義務化されることになる。これは、官邸発の「国営」報道を強いられる可能性を意味する。後者は、世界の中でも稀な「一切の例外がない」表現の自由保障の規定となっている憲法を、「普通の国」並みに公益に反する場合は制限できる、と改めることになりそうだ。すでに秘密保護法や「共謀罪」法によりその前触れがみてとれるが、一度穴が開けば、あっという間に広がることは旧憲法でも立証済みである。

制約的な新規立法が相次ぐ中、憲法によって表現の自由の例外を認めることの危険性を、私たちは改めて確認することが必要だ。それを知るには、政権が過去に何をしてきたかを知るのが一番だろう。

【近年の表現の自由をめぐるトピック】

〈第一次安倍政権〉

○六・○九　安倍晋三内閣誕生
○六・一一　菅義偉総務相がＮＨＫ国際放送で拉致に関する放送を命令
○六・一二　改正教育基本法成立、道徳の教科化
○七・○一　防衛「省」昇格
○七・○二　君が代訴訟で職務命令肯定の最高裁判決

〇七・〇五　憲法改正手続法成立
〇七・〇六　イラク復興支援特措法改正、従軍取材協定を初締結
〇七・〇七　総務省が慎重な当落報道を報道機関に要請

〈第二次安倍政権〉
一二・一二　第二次内閣発足
一三・〇一　沖縄県全自治体首長によるオスプレイ配備撤回の建白書提出、沖縄ヘイト発生
一三・〇三　政府が沖縄県に米軍基地用の辺野古《へのこ》公有水面埋め立て申請
一三・〇六　自民党が選挙対策としてトゥルース・チーム発足
一三・〇六　自民党がＴＢＳの放送内容が批判的だとして取材拒否
一三・〇七　参院選で自民党勝利
一三・〇九　二〇二〇東京五輪開催決定、首相がＩＯＣ総会で「（原発事故は）完全にコントロールされている」と演説
一三・一二　特定秘密保護法成立（一五・一二に施行）
一三・一二　仲井眞弘多沖縄県知事が名護市辺野古の埋立承認
一四・〇一　秘密保護法制のための情報保全諮問会議の座長に読売新聞グループ会長
一四・〇一　籾井勝人ＮＨＫ会長が就任時に「政府が右と言うのを左とは」と発言
一四・〇二　防衛省が琉球新報の自衛隊記事をめぐり日本新聞協会に抗議

一四・〇二　東京都美術館で政治性を理由に作品撤去要請、その後も美術館での作品撤去要請が続く
一四・〇三　憲法テーマの市民集会を神戸市が後援拒否、同様の事例が各地で相次ぐ
一四・〇三　泉佐野市教育委員会が『はだしのゲン』を学校図書館から回収
一四・〇三　文科省が沖縄県竹富《たけとみ》町教育委の選定した教科書に対し是正命令
一四・〇三　環境省がテレビ朝日の放射線健康被害番組に反論
一四・〇六　さいたま市公民館だよりで九条俳句が掲載拒否
一四・〇七　集団的自衛権の行使容認を閣議決定
一四・一〇　首相が朝日新聞を「捏造」と非難
一四・一一　自民党が選挙報道巡り各局に文書要請
一四・一二　沖縄県知事に翁長雄志就任
一四・一二　自民党がテレビ朝日の番組に対し公正中立報道を要請

〈第三次安倍政権〉
一四・一二　衆院選で自民党勝利、第三次内閣発足
一五・〇二　戦地取材予定者に対し旅券返納命令
一五・〇四　自民党がＮＨＫとテレビ朝日幹部を呼び出し事情聴取
一五・〇六　自民党文化芸術懇話会で参加議員（大西英男・長尾敬衆院議員ほか）や百田尚樹か

ら言論封殺発言
一五・〇九　改正個人情報保護法、改正マイナンバー法成立。安全保障関連法成立
一五・一〇　沖縄県が辺野古埋立承認を取消
一五・一一　菅官房長官が会見で、BPOの放送法解釈は「誤解」と発言
一五・一一　市民団体「放送法遵守を求める視聴者の会」がTBSは偏向報道だとする新聞意見広告
一五・一二　辺野古をめぐる国地方係争処理委員会が審査申出を却下、沖縄県が執行停止決定違法として抗告訴訟
一六・〇一　総務相が国会で電波停止に言及
一六・〇二　政治的公平の解釈で政府統一見解を発表
一六・〇四　国境なき記者団・報道の自由度ランキングで過去最低の七二位
一六・〇五　籾井NHK会長が「公式発表をベースに」発言
一六・〇五　改正盗聴法成立
一六・〇六　自民党、教員の政治的中立性を調査
一六・〇七　沖縄県高江のヘリパッド工事強行再開
一六・〇七　参院選で自民党勝利
一六・〇八　米軍北部訓練場へリパッド建設の抗議行動を取材中の琉球新報と沖縄タイムスの記者が、警察官・機動隊員に一時拘束され強制排除　政府は「報道の自由は十分

に尊重されている」との答弁書を閣議決定
一六・一〇　高江のヘリパッド工事現場で、機動隊員が「土人」発言
一七・〇一　東京の民放局MXテレビの番組が沖縄へイトとして問題化
一七・〇二　森友学園問題で首相・昭恵首相夫人の関与が問題化、情報開示行われず
一七・〇二　経済産業省が記者の入室を禁止措置
一七・〇三　自衛隊南スーダンPKO部隊の日報隠蔽が発覚、稲田防衛相辞任するものの責任の所在は不明
一七・〇五　首相が憲法改正具体案を表明
一七・〇五　加計学園獣医学部創設に関し首相の関与が問題化、情報開示行われず
一七・〇六　国連言論及び表現の自由の保障に関する特別報告者の対日調査報告書が公表され、メディアの独立性を厳しく警告
一七・〇六　金田法相の答弁が再三行き詰るものの、「共謀罪」法成立
一七・〇七　首相が「こんな人たちに負けるわけにはいかない」発言
一七・〇九　小池百合子東京都知事が、関東大震災時に虐殺された朝鮮人犠牲者を慰霊する式典への追悼文送付をとりやめ
一七・一〇　衆院選で自民党勝利
一七・一〇　毛染め強要で生徒が大阪府を提訴

〈第四次安倍政権〉

一七・一一　第四次内閣発足

一七・一二　自民党が「憲法改正に関する論点取りまとめ」を発表

一八・〇二　首相が国会答弁の中で、朝日新聞を捏造と糾弾

一八・〇二　厚労省作成の残業時間調査のデータに隠蔽・捏造があったことが発覚

一八・〇三　東京都議会で足立区立中学校の性教育に批判の声、東京都教育委員会が「課題」があったとして指導

一八・〇三　財務局が森友学園交渉記録の公文書を改竄していたとの報道

一八・〇三　前川喜平・前文部科学事務次官の授業内容を自民党議員が文科省に照会、記録を講演先の中学校から入手するよう文科省が名古屋市教育委員会に問い合わせ

一八・〇三　放送法を全面改正し、ネットと放送の統合を図り、民放をなくすことや、放送に関する規律を撤廃するとの下案が発覚

一八・〇三　東京都でデモ規制につながる危険性が指摘される改正迷惑防止条例が可決成立

一八・〇三　川崎市がヘイトスピーチの事前規制を含むガイドラインを制定

一八・〇四　加計問題で「政府案件」であるとの文書が見つかり、国会答弁との齟齬が指摘される

一八・〇四　財務省事務次官のテレビ朝日記者へのセクハラ事件で処分　本人は否定、麻生大臣も最後まで謝罪の姿勢をみせず

一八・〇四　政府が漫画を多数集める海賊版サイトに緊急避難策としてプロバイダにブロッキングをかけるよう要請することを決定
一八・〇五　京都大学で長年の風物であったタテカン（立て看板）が一斉撤去
一八・〇五　著作権法の改正で、著者に無断で全量スキャンする行為を容認
一八・〇六　財務省が「森友学園案件にかかる決裁文書の改ざん等に関する調査報告書」を発表
一八・〇七　自民党の杉田水脈・衆議院議員が「新潮45」で、LGBTは生産性がないと主張、支援する朝日新聞ほかに「違和感」とも　自民党の谷川とむ衆議院議員が「AbemaTV」で、同性愛を念頭に「趣味みたいなもの」と発言
一八・〇七　沖縄防衛局が、名護市辺野古の米軍キャンプ・シュワブ前に新たな柵を設置
一八・〇七　稲田朋美元防衛相が、法曹界の護憲派を念頭に「憲法教という新興宗教」などとツイッターに投稿
一八・〇八　スポーツ庁と文部科学省が全国の大学と高等専門学校に対し、東京五輪中の授業や試験日程に柔軟な対応を求める旨の通知
一八・〇八　新宿区で事実上のデモ規制につながる出発地点の公園使用を大幅制限
一八・〇八　翁長沖縄県知事、死去
一八・〇八　沖縄県が、名護市辺野古の埋立承認を撤回

第一章

地図

1　沖縄のメディア地図

†豊かで強固な沖縄文化

はじめに、沖縄のメディア地図を確認しておこう。なぜなら、沖縄のマスメディア構造は、他の日本の各都道府県のメディア状況と比べユニークな特徴を持っているからである。

第一は、なんといっても豊かな、そして強固な沖縄文化の存在である。例えば沖縄には「県産本」というものが存在する。沖縄・那覇《なは》の観光名所でもあるメインストリート・国際通りから少し入ったところに、二〇〇九年にオープンした全国チェーンの書店「ジュンク堂」の那覇店がある。その二階には、沖縄関連本コーナーがあるが、その広さと棚の多様さは壮観である。

そこには、「しまくとぅば」（沖縄の各地域に伝わる言葉＝沖縄語）や風習・習慣に関わる数々の本、伝統的な琉歌に始まり、多くの同人誌や文芸誌が所狭しと並べられている。これだけみても、地域文化層の厚さや文芸活動の多様さが見てとれる。同時に、こうした文化関連本以外に、沖縄関連の歴史・政治・経済を扱う数々の雑誌や書籍が一万五千冊以上、常に陳列されている。

これらの多くは、沖縄県内の書き手が書き、そして読まれているものであることに大きな特徴がある。まさに、地産地消の典型で、これだけの分厚い活字文化が、いままだ沖縄には存在していることの証である。当然これらの出版物の基盤には、沖縄の歴史と文化が存在し、そして沖縄県民の思いがあるということになる。

新聞も、当然ながらその延長線上に存在することになる。それは、ある意味では地政学的に、本土から距離的に離れた独特の文化風土の中で、独特の発展を遂げているとも言えるからだ。しかしそれは必然でもあり、後に述べるように、本土とは違う歴史を背負っているからでもある。こうした違いは時に本土からすると、「違和感」として受け取られるものでもあるが、それは全国で東京化が進む日本において、むしろ正当な地域文化の表れということができるだろう。

†地政学的な距離

第二が、主として地政学的距離に起因する、東京報道の影響を受けづらいメディア環境だ。具体的には、沖縄県内で通常読まれている一般紙は、県紙と地域紙と呼ばれる地元の新聞がほとんどであって、東京を中心に発行されている全国紙（在京紙）を県内で目にすることはあまりない。また放送に関しては、日本国内の多くの地域では、ＮＨＫと民放が見られるわけで、その民放は全国ネットワークを組んでいる四ないし五局が流れていることが多い。しかし沖縄に民放チャンネルは三つしかない。

これとの関係で重要なのは、沖縄で読まれるあるいは見られるマスメディアが、どのようなメディアなのかの俯瞰的把握である。日本のマスメディアはこれまで、三層構造を特徴としてきた。ナショナル・ローカル・コミュニティの三層であって、おおよそ全国、都道府県、地域がこれに該当する。新聞では全国紙・県紙・地域紙がこれにあてはまるし、テレビやラジオの放送では、全国放送・県域放送・地域放送といった区分が可能だ。

こうした事情から新聞の場合、多くの都道府県では、たとえ発行部数に差があったとしても、同じエリアで競争関係にある東京発情報色が強い全国メディアを気にせざるを得ない。一方で沖縄では、全国紙（東京紙）との間には日常的な取材競争もなければ、紙面上もそれほど強く意識をする必要がないという状況が生まれがちだ。

そしてまた、数多くの島に分散していることから、取材や配達に物理的な制約が大きい（いわゆる早朝時間帯の配達は行なわれていないなど）。この事情は、本土紙だけではなく県紙である沖縄タイムスや琉球新報にもあてはまり、沖縄県の新聞購読率が全国平均からみて低い理由の一つとされている。

また、新聞購読者に占める県紙のシェアは五割を超えており、これは全国平均からみると高い部類ではある。ただし、全国紙が進出していない状況を考えると、その分、地域紙の購読者が全体の半数近いということがいえ、これは沖縄の大きな特徴である。初めに触れた、固有の言葉や文化の発達と裏表でもあるが、より地域性に富んだ地域であることがわかる。

†戦前と戦後の断絶

そして第三が、断絶である。日本の新聞の場合、その多くは明治時代に起源を持ち、一〇〇年以上の歴史を有する題号が多い。途中に第二次世界大戦を挟み、新聞の統廃合が起きてはいるものの、経営はいずれかの新聞の題号を引き継ぎ、継続をしているものがほとんどだ。さらに言えば、経営陣や編集に携わる記者も、戦前・戦中・戦後と継続している場合が少なくなく、それは戦争協力をしてきた新聞社の戦争責任が曖昧であるとの批判にもつながっている。

この私企業の戦争責任という点では、ジャーナリズムの世界に限らず、大学も、一般企業も、そして政治の世界でも曖昧さを残したままで今日に至っているという問題が存在する。たとえば韓国や中国の人々の強制労働の補償の問題にしても、政治決着があったかどうかは別として少なくとも日本企業の経済的倫理的責任は明確だ。本書とは直接関係のないテーマに見えるが、そうした過去の歴史的責任を曖昧にしてきたツケが、ジャーナリズムを含めた社会全体でいまだに尾を引いているということになろう。

沖縄の場合、沖縄戦によっていったん新聞の題号は途切れ、戦後、新たに再生しているところに特徴がある。もちろん、その時期は米軍占領下であって本来の意味での取材・報道の自由は存在しなかったわけではあるが、この点において過去を引きずっていないということでは、大きな意味があると考えられる。

沖縄を占領していた米軍、五二年のサンフランシスコ平和条約以降の信託統治時代の米国民政府（USCAR: United States Civil Administration of Ryukyu Islands）ともに、布告・布令によって当局の許可なしに出版物を発行することを認めなかった。同様に無許可の集会・結社も認めず、許可された表現行為も、米軍（米国）の批判は認めず、違反した者には罰金や懲役を科した。

従来は一般に、地域的・政治的条件が沖縄メディアのユニークさを形成してきたと言われてきたが、その政治性には二つある。一つは長い米軍統治による無権利状況に押し込められていたことに対する〝自由の希求〟の強さである。そしてもう一つは、中央の政治地図に直接左右されない沖縄の独自性の発揮である。ジャーナリズム研究者であり県知事を歴任した大田昌秀は、「平和を守り、人権を回復し、自治を確立」することこそが沖縄県民の願いである、と説いていたことが思い起こされる。

これがメディア地図を語る上でも大きな意味を持つ第四の特徴である、政治的独自性であって、自由を勝ち取った歴史を有することにもつながる。占領・施政下で、土地の強制接収に反対する島ぐるみ闘争を擁護するメディアは、当然、米国民政府から硬軟様々な圧力を受けた。しかし住民とメディアが一体となっての抵抗によって、運動の激化を懸念した米国民政府は、一九六五年に緩和策として出版物の許可制を廃止せざるを得なくなった。

厳しい言論統制のもと、苦渋の選択を迫られ、時に大きな犠牲を払いつつも、メディアもまた、闘って自由を勝ち取ってきたのである。これが今日に続く、沖縄の「抵抗」ジャーナリズム（あるいは「民衆」ジャーナリズム）の基盤を作っているものといえよう。

2　沖縄の新聞

†三層構造

先にあげた三層構造のカテゴリー分けは、新聞の場合、主として取材エリアと販売エリアのカバーしている範囲で区分される。例えば筆者の勤務校がある神奈川県では、以下の通りの新聞がある。なおここでは、一般日刊紙とよばれる毎日刊行される総合的なニュースを扱う新聞を対象としている。

まず全国を取材・販売エリアとしている全国紙には、朝日新聞、毎日新聞、読売新聞、産経新聞がある（これに、経済紙である日本経済新聞を加えることもある）。これらの新聞社は従来、東京・大阪・名古屋＝中部・福岡＝西部に本社を有し（現在は、読売は東京・大阪・西部、産経は東京・大阪）、それぞれ同じ題号で違った編集（紙面）の新聞を発行している（東京版、大阪版、西部版など）。

また、日本の新聞の長年の慣習として、朝刊と夕刊をセットで発行し、毎日、希望する場所まで宅配をする戸別配達制度を完備している。この配達のためには、それぞれの新聞社が専属の販売店を有し、特定の配達テリトリーごとにきめ細かい配送サービスを実施してきた。こうした独特な販売方法の結果、日本においては新聞の約九五%が月極め定期購読による宅配で発行されており、残りの僅かが駅売店やコンビニ等での一部売り(即売)や、第三種郵便を利用した郵送である。

次に、県紙とは、主として当該県全域を取材エリアとし、また販売をしている新聞で、神奈川新聞がこれに該当する。時折、県紙とは別に複数の県にまたがる圏域新聞として、ブロック紙と呼ばれるカテゴリーを設ける場合がある。一般には、名古屋を拠点として中部圏をカバーする中日新聞、福岡を中心に九州圏をカバーする西日本新聞、北海道全域をカバーする北海道新聞を指す。中日新聞社が発行する、首都圏の東京新聞を加える場合もある。

そして、県内の一部の地域を取材・販売エリアにするのが地域紙である。東京には目立った地域紙は存在しないが、地方には、例えば青森県八戸圏域のデーリー東北、山形県庄内地方の荘内日報、長野県諏訪地方の長野日報、和歌山県田辺市域の紀伊民報など、長い伝統があったり、地元との強い結びつきがある新聞が存在する。東日本大震災の折、壁新聞で有名になった石巻日日新聞も、部数でいえば公称一・八万部の小さな新聞社ではあるものの、一〇〇年の歴史を有する地域紙だ。

このほかにも、さらに特定の地域を取材・販売エリアとする郷土紙もある。これらは有代（有料）の定期刊行物であるが、このほかに、一般にはフリーペーパーであることが多いタウンペーパーが数多く存在する。ちなみに、日本は一般日刊紙のフリーペーパーが存在しない珍しい国である。

日本国内の多くの県では、先にあげた複数の全国紙とその県を代表する県紙が一紙、そしてコミュニティごとの地域紙が重層的に存在するという特性を持っている。県紙が一つなのは主として、戦時中の検閲と用紙供給逼迫のための「一県一紙」体制の名残りであって、戦前までは多くの県で複数の有力紙があった。この多くは、明治時代の政論新聞を由来とするもので、対立する異なった政党ごとに新聞が存在していたということになる。さらにこれに、江戸時代の藩などに由来し、同じ県でも歴史や文化が異なることで、違った新聞を支持するといった県民＝地域性も影響していた。

【全国の新聞題号一覧】

主たる新聞関係の業界団体としては、日本新聞協会、日本地方新聞協会、全国郷土紙連合、日本専門新聞協会がある。以下は新聞協会、地方新聞協会、郷土紙連合加盟及びその他日刊紙の新聞題号一覧である。全国紙は便宜上、東京地方のみとし＊＊印を、県紙（ブロック紙を含む）は＊印をつけた。それ以外の新聞協会加盟紙は＋印で示している。

東京地方

朝日新聞＊＊
毎日新聞＊＊
読売新聞＊＊
日本経済新聞＊＊
産経新聞＊＊
東京新聞＊
報知新聞（スポーツ報知）＋
日刊スポーツ＋
サンケイスポーツ＋
スポーツニッポン＋
東京スポーツ＋
夕刊フジ＋
ジャパンタイムズ＋
フジサンケイビジネスアイ＋
日本工業新聞＋
電波新聞社＋
日本海事新聞＋
水産経済新聞＋
日本農業新聞＋
都政新聞
国際新聞
東京新報
都政新報
アアムスチャップリン
議会新聞
武相新聞
都議会情報
公民新聞

北海道地方

北海道新聞＊
室蘭民報＋
十勝毎日新聞＋
釧路新聞＋
苫小牧民報＋
函館新聞＋
留萌新聞
名寄新聞
北海民友新聞
道北日報
道新スポーツ＋

東北地方

東奥日報＊
陸奥新報＋
デーリー東北＋
津軽新報
岩手日報＊
岩手日日新聞＋
盛岡タイムス
東海新報
胆江日日新聞
河北新報＊
石巻かほく
三陸新報
大崎タイムス
石巻日日新聞
秋田魁新報＊
北鹿新聞
北羽新報＋
山形新聞＊
荘内日報＋
米澤新聞＋
福島民報＊
福島民友＊
いわき民報＋
マメタイムス

関東地方

茨城新聞＊
下野新聞＊
上毛新聞＊
桐生タイムス＋
埼玉新聞＊
文化新聞
神奈川新聞＊
神静民報
千葉日報＊
房日新聞

中部地方

山梨日日新聞＊
静岡新聞＊
伊豆新聞
信濃毎日新聞＊
長野日報＋
南信州新聞＋
市民タイムス＋
中日新聞＊
中部経済新聞＋
東愛知新聞＋
東日新聞
岐阜新聞＊
滋賀報知新聞
滋賀夕刊

滋賀産業新聞

北陸地方

新潟日報＊
柏崎日報
北日本新聞＊
北國新聞＊
福井新聞＊
日刊県民福井＊

近畿地方

伊勢新聞＋
夕刊三重新聞＋
京都新聞＊
洛南タイムス
両丹日日新聞
神戸新聞＊
奈良新聞＊
紀伊民報＊
紀州新聞
わかやま新報
熊野新聞＋
吉野熊野新聞
河北新聞

中国地方

山陽新聞＊
備北民報
中國新聞＊
日本海新聞＊
山陰中央新報＊
島根日日新聞＊
山口新聞＊
宇部日報＋
ほうふ日報
日刊新周南
月刊日本新報
北九州速報

四国地方

徳島新聞＊
四国新聞＊
愛媛新聞＊
高知新聞＊

九州地方

西日本新聞＊
有明新報
佐賀新聞＊
長崎新聞＊
長崎政治経済新聞
人吉新聞
熊本日日新聞＊
大分合同新聞＊

宮崎日日新聞＊　南海日日新聞　八重山毎日新聞＋
夕刊デイリー新聞＋　奄美新聞　八重山日報
南日本新聞＊　沖縄タイムス＊　宮古毎日新聞＋
南九州新聞　琉球新報＊　宮古新報

【発行部数（朝刊）の上位紙】
日本ABC協会部数による。小数点以下第二位は切り捨て。

		〈二〇〇四年〉	〈二〇一七年〉
1	読売新聞	一〇〇七・五万部	八八一・一万部
2	朝日新聞	八二五・九万部	六二四・三万部
3	毎日新聞	三九五・六万部	三〇五・二万部
4	中日新聞	三三六・四万部	二九四・七万部（東京、北陸中日を含む）
5	日本経済新聞	三〇一・七万部	二七一・六万部
6	産経新聞	二一二・一万部	一五九・四万部
7	北海道新聞	一二三・一万部	一〇〇・七万部
8	西日本新聞	八四・五万部	六四・一万部
9	静岡新聞	七三・九万部	六二・九万部

以下、中國新聞、神戸新聞、信濃毎日、河北新報、京都新聞、新潟日報

■スポーツ紙（公称部数）
スポーツニッポン　一七二・二万部（二〇一五年十月）＝毎日新聞系
日刊スポーツ　一六六・二万部（二〇一三年三月）＝朝日新聞系
スポーツ報知　一四二・七万部（二〇一六年）＝読売新聞系
サンケイスポーツ　一二七・二万部（二〇一四年五月）＝産経新聞系
中日スポーツ・東京中日スポーツ＝トウチュウ　五五万部＝中日新聞系
デイリースポーツ　六七万部（二〇一七年）＝神戸新聞系

■夕刊紙（公称部数）
東京スポーツ＝東スポ（東京・中京・大阪・九州を含む）　一五三万部（二〇一四年三月）
日刊ゲンダイ（講談社）　一六八万部（二〇一五年　雑誌協会公表部数）
夕刊フジ（産経新聞グループ）　一五五・九万部（二〇〇八年　公称部数）

■宗教紙・政党紙で大部数のもの（公称部数）
聖教新聞　五五〇万部
赤旗日曜版　一三〇万部

†沖縄の新聞市場の特徴

これを沖縄に当てはめると、状況は少し違ってくる。少なくとも、新聞においてこの構造が壊れているのだ。まず、全国紙が存在しない。確かに各全国紙は那覇に支局を置き、日常的な取材を行なっている。この点では取材エリアということだ。しかし、現地での印刷を行なっておらず、販売もしていない。もちろん、沖縄県内で朝日新聞等の全国紙を購読することはできるものの、それは福岡県域で印刷されている西部版であって、これが通常の民間の定期便飛行機で空輸され、そして昼過ぎに各戸に配送されるに過ぎない。具体的には、朝十時ころに那覇空港に到着し、十一時ころに新聞販売所に届き、配達は昼すぎから開始されることになる。

これは、現時点においては、現地印刷をするコストに見合うだけの販売部数が見込めないとの経営判断によるものと思われる。逆にいえばこれまで、全国紙はいずれも、全国をあまねく販売エリアにすることを目指して印刷工場を建設してきた経緯があり、最近では、独自の印刷工場では効率が悪いと判断した地域については、県紙や地域紙と合同で工場を運営したり、場合によってはそれらの新聞社に印刷を委託して、現地印刷を実現してきた。

それからすると、沖縄では「競争相手」である全国紙の印刷を引き受ける新聞社が存在しなかったということになる。その例外が二つあり、一つは日本経済新聞の現地委託印刷だ。後に述べる沖縄県紙である琉球新報が二〇〇八年十一月一日から、日経の印刷を行なっている（同時に、配達も琉球新報の販売店を通じて行われている）。この日経の受託印刷（県紙側から見た言い方）は、ある意味では一九九〇年代以降の流行りであった。どの新聞社も、発行部数（＝印刷部数）の伸び悩みと、経営効率がより求められる状況の中で、新聞社が持つ印刷設備（輪転機）の稼働時間の短さから、積極的に「他紙」の印刷を引き受ける新聞社が出はじめたのだ（ただし沖縄の場合は、当時の仲井眞知事の強い意向によって実現したと言われている）。

二つは、スポーツ紙の印刷だ。まだスポーツ紙が隆盛を極めていた一九八〇年代、県紙の沖縄タイムスと琉球新報がそれぞれ、読者獲得のための「工夫」として、全国紙系列のスポーツ紙を自社で印刷し、販売を始めた。実際には、有代の販売よりも、無料のおまけとして活用された側面も否定できないと言われてきた。沖縄タイムスが協力関係にある朝日新聞系列の「日刊スポーツ」沖縄版を（八五年四月印刷開始）、同じく琉球新報が毎日新聞系列のスポーツニッポンの沖縄版である「新報スポニチ」を印刷し（九〇年七月刊行）、本紙と同時に配達している。ただし、本土のスポーツ紙よりページ数は少ない。

さらに言えば、二〇一〇年以降の新しい傾向としてあるのが、ホテルやファミリーレストラン、あるいはファストフード店における、全国紙の無料配布である（形式的には、しかるべく買取ののち、読者にとっては無料で読める状況にある）。現在、沖縄県内のホテルに泊まると、主として読売新聞や産経新聞がサービスとして客室に配布されたり、不特定多数の人が集まるファストフード店などに両紙が置いてあったりする光景が珍しくない。

那覇市内のホテルロビーにおかれている読売・産経両紙

†二紙の競合

そして沖縄県紙の最大の特徴は、二紙あることだ。すでに紹介してきた「沖縄タイムス」を発行する沖縄タイムス社と、「琉球新報」を発行する琉球新報社で、いずれも那覇に本社を置く。沖縄県紙は公査部数（日本ＡＢＣ協会）を発表していないので、各社の公称部数によると、琉球新報が一五万二二七五部、沖縄タイムスが一五万四一七〇部で、ほぼ拮抗した勢力を保っている（二〇一八年現在）。

このように勢力が拮抗した県紙が存在するのは日本で唯一であって、しかもこうした状況は、戦後しばらくして二紙体制になって以来変わらない。その競争は熾烈を極めており、一方がカラー印刷を開始するとなれば、すぐに追いつくし、主催・後援行事も似たようなものが多い。例えば、エイサーにしてもマラソンにしても、それぞれが一つずつを主催する。また両紙とも、販売戦略上もあって様々な行事を後援しており、数は地方紙の中でもトップレベルと思われる。あえていえば、沖縄タイムスは出版部門に伝統があり、「新沖縄文学」「沖縄大百科辞典」ほか重要な県内出版物を発行してきている。琉球新報は芸能イベントに積極的だ。しかしそれらも、部外者からみるとどちらが優位とは言えないような似た現況にある。

一方、全国紙はほとんど読まれていないに等しい。先に触れた日本ABC協会「新聞発行社レポート（新聞リポート）」の公査部数によれば、現地印刷をしている日本経済新聞でさえ五七四一部に過ぎない。一般紙では朝日新聞が九三三部で最も多く、読売新聞の五九四部、産経新聞二九二部、毎日新聞二七五部と続く。伝統的に朝日が多い県であるが、最近では読売が急追していると言われている。

これらの全国紙は県内に印刷設備を持たないため、本土から空輸をしているとともに、配達も県内紙の販売店ではなく、特別に沖縄県で全国紙を扱う「本土新聞」という名の会社があり、戸別配達をしている。ただし産経新聞については、本土新聞の扱いではなく、

「有限会社ペナント」の扱いとなっており、本土新聞同様のルートで那覇に着いた後、昼過ぎから夕方にかけて配達される。

新聞は、再販維持契約の対象商品で定価販売が守られている。ここでいう新聞定価には、一部売り定価と定期購読用の月極め定価の二種類が存在する。そして後者の月極めは、毎朝夕、指定場所まで戸別配達する宅配料金込みの値段である。ちなみに二〇一八年現在の定価は、朝日・読売・毎日の各新聞の場合、四〇三七円である（日経は四九〇〇円）。

したがって、沖縄で全国紙を定期購読する場合も、西部版（九州・福岡から空輸の分）は同一定価での販売となる。ただし、東京版を購入することは可能で、その場合は五一五八円と割高になる（復帰前の沖縄は「外国」扱いのため、海外新聞普及株式会社経由で輸送されていた。当時より沖縄特別定価が定められていたことから、地元で取り扱っていた池宮商会は「本土並み」購読料を要求していた）。ちなみに、沖縄の販売店・本土新聞が扱う新聞種類はそのほか、英字紙、スポーツ紙、そして西日本新聞、日経流通新聞ほか各専門紙がある。変わり種は、米ニューヨーク・タイムズを取り扱っていることだ。

なお、県内現地印刷を行っている日経は、九州経済の情報と組み合わせた「沖縄・九州経済」という地域面があるが、他の全国紙は地域版としての「沖縄」は存在しない。ただし日経の沖縄・九州地域面も、沖縄の情報は量的に少ない。

日本国内で県紙が二つある県としては他に福島県があるが、現在では福島民報と福島民友の間には発行部数で一・五倍の差があるとされている。また、有力な地域紙が存在している県としては例えば、青森県では県紙の東奥日報に対し、県東部の旧南部藩を中心とするデーリー東北がある。

†担保される健全性

こうした競合二紙が存在することによって、健全なジャーナリズムの存在が担保されている側面が強い。なぜなら、一般に県紙は当該県の経済的発展を社是に掲げることが多く、その結果、どうしても県政と一体化しやすい傾向がある。それをチェックする役割が全国紙にあるとされており、こうしたメディア内のチェック&バランスが効いていることで健全性が担保されるということだ。

また県紙が複数紙あることによって、県民の思い(民意)とかけ離れるような紙面作りはしづらくなることが想像される。それは、もし独りよがりの紙面を続けるなら、もう一方の新聞に購読を変更することになり、市場から自然淘汰されることになるからだ。もし民意が大きく二分している場合は、それぞれの新聞がそれぞれの意見を代弁する形も考えられる。

かつては両紙とも夕刊を発行していたが、一九九三年十月に第二土曜の夕刊を休刊とし、二〇〇九年三月には夕刊そのものを廃止して、朝刊単独紙となった。ちなみに、沖縄タイムスは県内では「タイムス」、県外では「沖タイ」と呼称されることが多い。琉球新報は、いずれも「新報」である。

両社の経営データを見てみよう。二〇一六年現在で、売上高は両社とも九〇億円前後だ。沖縄県内企業売上ランキングでは両社は、かつては上位五〇位をキープしていたが、近年、収入減によって順位を下げているものの一〇〇位以内をキープしている。従業員数は、琉球新報社が二九七人（うち編集一一九人）、沖縄タイムス社が二六二人（うち編集一二九人）だ。なお、新聞定価はいずれも、一部一三〇円・月極め三〇七五円である。

†厳しい経営状況のなかで

両社は、県紙の中での経営規模は小さい部類にはいる。それは簡単に想像できる通り、日本全土の中で県人口は一四二万人余と、中小規模クラスの県だからだ（ちなみに、別格の東京とそれに続く、神奈川・大阪・愛知・埼玉・千葉の三大圏を除いた場合、北海道・兵庫・福岡が五千万台、京都・広島・静岡・岐阜・長野・新潟・宮城の二千万〜三千万台で、残りは一千万台が多い）。その地域でしかも二つの新聞が発行されていてパイを食い合っているわけで、当然に発行部数は相対的にも絶対的にも小さくならざるを得なくなり、それに伴い広告収入には限界があるということになる。

しかも沖縄県の新聞普及率は決して高いとはいえない。数字上では、二〇一七年現在の普及率は五割強で、この数字は全国でワースト3にはいる（表「日刊紙の都道府県別発行部数と普及率」参照）。ただし、新聞購読者中の両紙の購読率は逆に、全国で最も高い部類だ。地元紙の購読率が五割を超える地域は全国に一一県しかないが、沖縄はその一つである（表「地元紙普及率が五割超の地域」参照）。

ちなみに、新聞社の総売上高は、一九六〇年代から七〇年代半ばまで、五年ごとに倍増するという高度成長を遂げた。その後の二度のオイルショックで成長は鈍化したものの、一九八八年には二兆円を突破、一九九七年のピークには二兆五二九三億円を記録した。発行部数のピークもほぼ同時期である（グラフ「新聞発行部数の推移」参照）。しかしその後は広告・販売収入とも減少をたどり、〇五年までは一兆円を大きく超えていた広告収入が、一七年度には半分以下の五一四七億円にまで落ち込んでいる。

そうした全体状況にもかかわらず、他の大手新聞社同様、自前の印刷工場を有し、専売店と呼ばれる独自の販売店網を整備しているのであるから大変だ。一方で、離島も含めその取材エリアは結構広く、一定数の社員としての記者を抱え、こうした人件費や制作費に

日刊紙の都道府県別発行部数と普及率（１世帯当たり部数）

	部数				普及度			
	計	セット	朝刊	夕刊	1部当たり人口	人口	1世帯当たり部数	世帯数
全国計	42,128,189	9,700,510	31,487,725	939,954	2.98	125,583,658	0.75	56,221,568
朝夕別部数	51,828,699		41,188,235	10,640,464		（人口 1,000人あたり 412部）		

	部数	普及率
東京	4,427,495	0.66
大阪	3,151,213	0.77
北海道	1,783,258	0.65
青森	460,906	0.78
岩手	375,605	0.72
宮城	661,070	0.68
秋田	354,881	0.84
山形	389,488	0.95
福島	661,391	0.86
茨城	1,021,501	0.86
栃木	708,688	0.89
群馬	779,919	0.97
埼玉	2,309,745	0.74
千葉	2,011,462	0.73
神奈川	2,823,046	0.68
新潟	717,009	0.81
富山	410,405	1.01
石川	462,919	0.98
福井	282,771	1.00
山梨	311,556	0.89
長野	815,655	0.96
岐阜	688,012	0.88
静岡	1,214,222	0.80

	部数	普及率
愛知	2,382,264	0.77
滋賀	481,262	0.87
三重	626,065	0.82
京都	915,678	0.78
奈良	570,537	0.98
和歌山	375,814	0.86
兵庫	1,942,961	0.79
鳥取	227,194	0.97
岡山	608,745	0.74
広島	939,972	0.74
島根	279,853	0.98
山口	556,385	0.86
徳島	273,254	0.83
香川	344,155	0.80
愛媛	433,704	0.67
高知	209,844	0.60
福岡	1,592,595	0.68
佐賀	246,417	0.76
長崎	391,810	0.63
熊本	417,331	**0.55**
大分	362,794	0.69
宮崎	343,869	0.66
鹿児島	398,500	**0.50**
沖縄	**355,211**	**0.57**

朝夕刊セットを１部で計算。2017年10月現在、日本新聞協会調べ

新聞発行部数の推移（1942〜2017年）

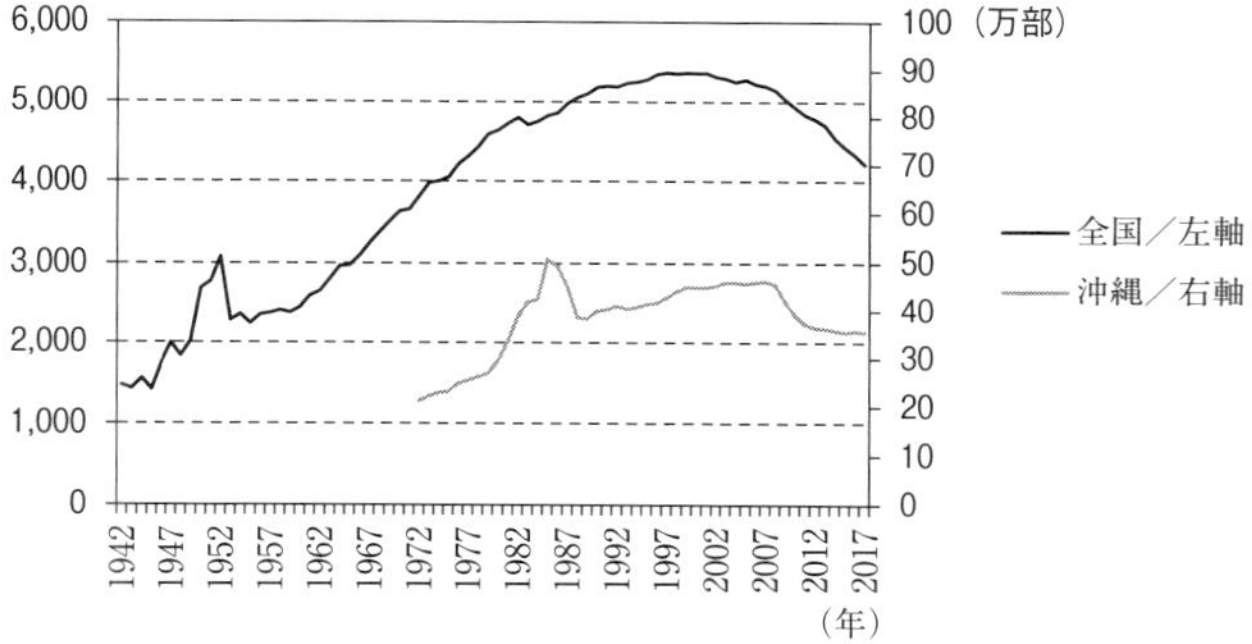

日本新聞協会調べ。1948年に調査方法を変更、朝夕刊別・セットを朝夕１部として計算

かかるコストは発行部数規模にかかわりなく、一定割合以上の負担が生じる。

こうしたことから、九〇年代以降、新聞界の右肩上がりの状況が終わった九〇年代以降、事あるごとに両社の経営もしくは業務統合の噂が消えては出る状況にあるものの、両社は近年、揃って新社屋を建設し、意気軒高だ。沖縄タイムスは二〇一三年一月に、琉球新報社は二〇一八年四月に那覇市中心部・沖縄県庁そばに新社屋を完成させている。こうした状況からすると、当面はこの両社の拮抗状況は続くと見られるが、あえていえば両社が存在する理由もあるし、そのための工夫は今後求められるということになろう。

まず存続理由であるが、メディアには競争が必要だという点である。それは前述したチェック＆バランスでもある。全国紙が事実上存在しない沖縄県においては、もし県紙がどちらか一社になった場合、県内の有力新聞は一社となり、新聞市場の独占状態が出来上がる。それは、県政との癒着の可能性を高めるし、言論の多元性・多様性を狭める可能性がある。

【地元紙普及率が五割超の地域】

日本ABC協会「新聞発行社レポート　普及率」二〇一七年一～六月平均による。『雑誌新聞総かたろぐ2017年版』参照。

秋田　五三・三六％（秋田魁新報）
富山　五五・八〇％（北日本新聞）
石川　六三・一七％（北國新聞）
福井　六八・〇七％（福井新聞）
山梨　五六・六四％（山梨日日新聞）
長野　五四・七四％（信濃毎日新聞）
福島　五五・三八％（福島民報、福島民友）
鳥取　六七・九九％（日本海新聞）
島根　六〇・四九％（山陰中央新報）

徳島　六七・一八％（徳島新聞）
沖縄　五〇・〇三％（沖縄タイムス、琉球新報）

逆にいえば、もし全国紙の沖縄進出があった場合、事情は変わってくる。そこでは、県内の限られた市場規模の中で読者の獲得競争が起き、県紙は多かれ少なかれ読者を失い、売り上げの減少をもたらすであろう。そうなった場合の選択肢は、おおよそ三つが想定される。最後まで我慢競争を展開し、最終的にどちらかが残るというもの、次にはいずれかの段階で両社が業務提携あるいは経営統合するというもの、そして三つ目は全国紙との系列化の道である（もちろん、全国紙進出をはねのけ、従来通りの二紙体制が維持されるシナリオもありうる）。

全国紙の進出がないとしても（たぶん、ないであろう）、全国的な新聞離れ状況の中で、少なくとも紙の新聞経営として厳しい状態は続く。これは、沖縄二紙に特有の問題ではなく、全国の新聞に共通の課題でもある。その場合の工夫としては一般に、すでに多くの社が行ってきた印刷部門の分離による別会社化や賃金体系の変更による人件費の抑制、制作部門や校閲部門の縮小・廃止、印刷設備の有効利用としての他紙の賃刷りなどが考えられるが、さらに他社との共通部門の兼業が進むであろう。

†競争から協業へ

沖縄の場合は、激しい販売競争をしている二紙の間で協力関係をどのように構築していくかが長い間話題になってきたが、二〇一七年に入り大きな転機が訪れた。両社が、印刷設備の共用について合意したからである。その具体的な方法については、今後の協議の成り行きを見守るしかないが、二社の共存を目指すという点で、大きな意味を持つ「決断」といえるだろう。

こうした両社の協業化（あるいは経営統合）の動きは、これまでも水面下では何度かあったといわれている。最初は復帰直後の一九七四年で、物価の高騰に石油ショックがかぶさり、両社間で経営合理化が現実的課題として議論されたとされる。そしてより具体化したのが、一九九八年の印刷設備の共有化検討である。ちょうど前回の輪転機更新の時期にあたり、両社執行部間で話し合いの場が持たれたものの、実現には至らなかった。

両社の現在の輪転機は一九九九年から稼働しており、二〇二〇年ころには更新時期を迎えることになる（実際は更新期を超えて使用しているともいえる）。その時期に、輪転機を共同購入するということで、現在の琉球新報社の印刷工場を使用するなどの案が検討されているという。これは、先に述べた三つの行く末パターンのうち、独自の特徴を生かしたうえで最も賢明な第二のパターンの選択であるといえよう。

さらに今後は、販売店をはじめとする販売店網の協力関係による共配などに進むのかなど、興味は尽きない。もっといえば、こうした制作・営業のみならず、編集部門での協力も、むしろ真剣に考えるときにきているのではないか。メディア企業の経営的苦境が世界的傾向の中で、いまや記者の集まりの中で、「競争と協力」は合言葉になりつつある。

すなわち、最後の「どう報じるか」は競争であるとしても、その前段階の取材ノウハウや、さらにいえば基礎データの収集・整理については、場合によっては協業化がもっと進んでもよいかもしれないということだ。たとえば沖縄・辺野古の基地建設現場において、両社ともに独自に人をやりくりして現場での張り付き取材を行っているが、これも共同取材ができるならば、むしろその取材力を別の取材対象に振り分ける可能性が生まれるのではなかろうか。

とりわけ、現場が緊張していて「何が起きてもおかしくない」状況ではなく、膠着状況の中で、取材というよりもむしろ「監視」の意味合いが強いような状況においては、より協力体制が組める可能性があると思われる。そしてこうした協力体制の構築は、紙の新聞発行部数が頭打ちになる中で、こと沖縄紙だけではなく、紙の新聞発行を継続するすべての新聞社にとって共通の問題解決の道筋になる可能性を秘めている。

†「マス」メディアの条件

一方で、マスメディアの市場規模の問題もある。一九九〇年代、日本のマスメディアの雄としてまだ新聞が存在していた時代、多くの家庭で新聞が毎朝、配達され、朝食時や通勤の電車の中で、新聞を読む風景があった。その時代においては、一・二億人の人口、四千万台の世帯数に対し、新聞は五千万部以上の発行部数があった。すなわち、数字上、一家に一紙だったわけだ。

しかし二〇一七年現在、世帯数は増えているのにもかかわらず、新聞の総発行部数は四千万部近くにまで落ち込み、その社会的影響力は急速に衰えている。少なくとも日常の生活の中で、「新聞を読む風景」は確実に失われているといえるだろう。こうした中で「マス」メディアとしての新聞の生き残りが問われている。もちろん、紙か電子かなど、その媒体の形態は、その時代あるいは技術状況によって当然に変化するのであって、いわゆる「新聞」(とりわけ「ジャーナリズム」)はなくなることはないのであるから、それで良いではないか、という考え方もある。

しかし一方で、「共通の話題」を提供するという意味で、あるいは「世論形成力」という点からしても、紙のメディアが従来果たしてきたような社会的役割を、電子的なメディアを通じて新聞が果たせるかどうかは、未だ結論が出ない困難な課題だ。少なくとも二〇一八年現在でいうならば、多くの法・社会制度は、紙のメディアたる新聞が「マス」であることを前提に構築されている。

例えば、選挙期間中には、該当する選挙区の新聞に各候補者の選挙広告が掲載される。この広告費は、選挙管理委員会が負担するものであって、国民の税金が使われている。こうしたことが行われてきたのは、各家庭に新聞が配達されていて、国民の多数が新聞を読んでいるということが前提だ。従って、「マス」でなければこの制度は意味をなさないようになる。

もし電子的な新聞が存在して、そこにバナー広告を出したところで、みんなが読むとは限らない。そこには、マスかどうかの問題以上に、メディア特性としてその広告ページを閲覧するかということがある。それでいえばむしろ、グーグルにでも広告を出した方がよほど到達率は高くなるだろう。

それからすると、どの程度の発行部数が「マス」の限界点かを考えておくことは、今後の日本社会のありようを考える上でも必要だ。従来は、世帯数とほぼ同数の発行部数があったわけであるが、統計上、仮に半数の家庭が新聞をとっているとすればどうであろうか。多少の議論はあるかもしれないが、ギリギリながらも「マス」メディアということが認められる可能性が高いと思う。それが八割であれば、間違いなく「マス」認定されるであろう。この八割は、現在のNHKの受信料支払い比率でもある。

半数を維持するにしても、二〇一七年の世帯数が五三〇〇万、約一〇年後の三〇年の世帯数予測が六〇〇〇万であることから、すでに限界部数に近づいていることがわかる。現時点の全国紙と地方紙の比率はおおよそ半々なので、普及率五〇％として二六〇〇万部強の半分の一三〇〇万部が地方紙分で、それを約四〇の地方紙でさらに分けることになる。

多少の人口比を考慮して沖縄の場合、三〇万部弱を維持することが、マスメディアの条件ということになる。この数字は、世帯数の約半分ということでもある。これはある意味で、現在の部数を維持する必要があるという面からすると、低いハードルではないものの、一方で実現可能な「目標」ともいえるだろう。もちろん発想を一八〇度転換して新聞は世帯商品だと考えれば、沖縄は人口も世帯数も全国トップレベルの増加数である。マーケットは拡大しているわけで、ピンチはチャンスともいえるのだ。

†地域紙

沖縄県内には地域紙（ローカル紙）が多いことに触れたが、それらのほぼ全ては、県内の離島で発行されるものである。具体的には、宮古島《みやこじま》市には「宮古毎日新聞」「宮古新報」があり、石垣《いしがき》市には「八重山《やえやま》毎日新聞」「八重山日報」がある（ほかに、鹿児島県奄美市には、「奄美新聞」と「南海日日新聞」がある）。なお、離島では琉球新報、沖縄タイムスが那覇空港から空輸されるため、早朝自宅に配達されないのに対し、朝、自宅で読めるメリットがある。

観光地として東京からの観光客も多い宮古島ほか宮古諸島で主として購読されているのが、宮古毎日新聞と宮古新報である。過去には、南沖縄新聞（日刊南沖縄）、日刊宮古、宮古時事新聞（宮古公論）などが存在した。

宮古毎日新聞は、真栄城《まえしろ》徳松によって一九五五年、宮古島初の日刊紙として創刊された（当時、宮古では四紙発行されていたが、いずれも［隔］週刊であった）。朝刊単独で、定価は一部売り九〇円、月極め一九九八円で、公称発行部数は約一万六千部である。九五年に日本新聞協会に加盟、時事通信社と提携、さらに九九年には毎日新聞社と提携している。全国郷土紙連合に加盟する。

宮古新報は、一九五一年に時事新報として創刊され、その後、宮古時事新報と改題、さらに一九六八年に現在の宮古新報として創刊号を発行している。朝刊単独で、定価は一部売り九〇円、月極め一九九八円で、公称発行部数は一万三九三〇部（二〇一三年）である。一九九八年には読売新聞社と記事配信契約を締結している。日本地方新聞協会に加盟する。

八重山日報
創刊号
経済たて直しを
基地を整理統合
祝　創刊

八重山日報1977年６月15日付＝創刊号１面

沖縄県下で八重山地方と称される、石垣市、竹富町、与那国《よなぐに》町を主な販売エリアとする地域紙が、八重山毎日新聞と八重山日報である。前者は、一九五〇年の創刊で、公称一万六〇〇〇部、月極め一九六四円の朝刊単独紙である。全国郷土紙連合に加盟する。

一方で後者の八重山日報は、一九七七年創刊と比較的新しい新聞で、二〇一八年時点で公称部数は、八重山地区で六〇〇〇部、本島で三五〇〇部（県外含む）が発行されており、総計で約一万部だ。定価は八重山版月極め一七五〇円で、沖縄本島版月極め二一六〇円である。

部数としては、競合紙である八重山毎日新聞よりも少ない。ただし、その紙面傾向で近年、話題を呼んでいる新聞社だ。その話題の理由は論調にあるが、少し詳しく同紙の沿革を見ておきたい。

八重山日報の沿革

同紙を創刊した宮良長欣《みやらちょうきん》は、前職は沖縄タイムス社で社会部長や東京支社勤務であったが、もともと地元の八重山タイムス、南琉日日新聞などの発行・編集にも携わるほか、私設図書館を設立・運営もしていた。二〇一〇年に現在の仲新城誠《なかしんじょうまこと》編集長に交代し、ちょうど同時期に尖閣諸島沖の中国漁船衝突事件が起きたことを契機に、保守色が鮮明な紙面づくりに転換したとされている。そうしたなか一三年六月一日からは、産経新聞と編集協力（記事交換）を開始、その後、「オピニオン」名称で産経新聞の社説を掲載するようになった。

さらに、一七年四月一日からは本島版を発行するに至っている（那覇の「沖縄本島支局」は、沖縄テレビが入るビルにあったが、一八年春からは壺川《つぼがわ》に移転した）。当初は、「沖縄日報」のように改称して八重山地方のローカル紙から事実上、県紙に衣替えする案もあったようであるが、

八重山日報
自民、翁長県政に攻勢
辺野古、前副知事で追及
私たちの双肩に
伝統継承の責任
悲しい政治の歴史利用
アイーダペラ号初寄港
「世界有数の自然満喫を」
歴史学者の
玉城有一朗氏

八重山日報沖縄本島版2017年４月１日付＝創刊号１面

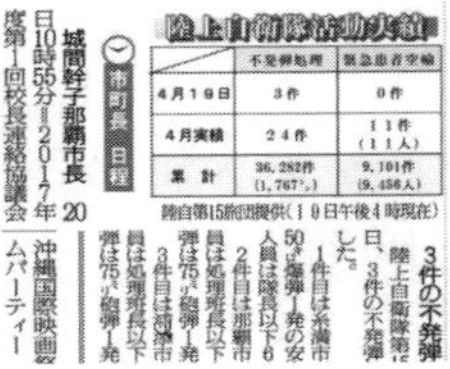
陸上自衛隊活動実績

	不発弾処理	緊急患者空輸
4月19日	3件	0件
4月実績	24件	11件（11人）
累計	36,282件（1,767ﾄﾝ）	9,101件（9,456人）

陸自第15旅団提供（19日午後4時現在）

3件の不発弾

2017年4月20日付から掲載が始まった八重山日報「陸上自衛隊活動実績」

結果としては題号（紙名）の変更はしていない。

ちなみに、八重山地方には在日米軍専用施設が存在しないことや、沖縄戦で地上戦を経験していないことなどから、もともと報道量として、基地関連ニュースがそれほど多くないとされてきた。しかし近年では自衛隊配備をめぐり、受け入れの判断も含め大きな政治的課題として存在してきた経緯がある。

八重山地方への自衛隊配備は、南西諸島における自衛隊増強計画の一環とされている。〇四年の新防衛大綱で初めて同地方への自衛隊配備が言及され、与那国島では〇八年九月に町議会が賛成多数で自衛隊誘致決議を可決、翌〇九年六月に町として要請を行った。そして一五年二月、陸上自衛隊沿岸監視隊の配備の是非を問う住民投票で賛成が上回ったことを受け、一六年三月から同隊が配備されている。

一方で石垣島では、一五年に石垣市長が自衛隊配備に向けた調査実施を容認して以降、動きが具体化した。その後、一七年には防衛省から陸自配備計画の配置案が市に示され、一八年七月に市長は受け入れを正式表明した。一方、北朝鮮のミサイル発射実験に対応するため、一六年二月以降、石垣島の新港地区にいわゆる迎撃ミサイルである、地対空誘導弾パトリオット（ＰＡＣ３）が配備されている。

こうした状況の中で、一五年ごろを境に八重山日報の論調はさらに大きく変化する。「反日左翼的報道を続ける県紙二紙に対抗する姿勢」がよりはっきりとし、辺野古新基地建設反対運動に批判的な層から強い支持を受けるようになり、「沖縄第三紙」と名乗るようになった。また、琉球新報や沖縄タイムスを「反米」「反基地」「反自衛隊」と位置づけることで、その逆バージョンを狙ったとみられる「陸上自衛隊活動実績」記事は、本島版創刊に合わせて掲載が開始され、県内自衛隊の活動を紹介している。

従来六ページだった建てページは、新輪転機の設置により八ページに拡大したが、増ページは先に触れた記事交換先の産経新聞の記事を転載している恩恵とも思える。紙面傾向としては、翁長《おなが》県政や辺野古新基地建設反対運動に対する厳しい批判と、自衛隊配備を積極的に受け入れ、米軍や自衛隊の活動を評価する記事が特徴的だ。これらは、県紙二紙及び八重山毎日新聞との大きな違いといえる。

3　沖縄の放送

†放送における免許制度

本章の最初に挙げた日本のマスメディアの特性である三層構造は、放送の場合、免許制度によって規定されている面が強い。限られた周波数（電波）を交通整理せず、勝手に個々人が無線を発信しては混信してしまうからだ（ラジオなどで混信するのは、隣の地域との周波数がオーバーラップしているためである）。

そして一般にはこの制約は国が担っており、日本では現在、総務省が一手に放送の免許（正確には放送事業のための施設免許）の交付権限を有している。これはNHKも民放も同じで、この免許期間は五年である。いわば自動車免許と同じ国家免許の仕組みであるが、大きく違う点もある。最大のポイントは、車の免許は一度とってしまえば、二度目からは「更新」であって、簡単な講習とお金さえ払えば（事故などを起こしていない場合）新しい免許を手にできる。

これに対して放送は、一回一回が「申請」であって、いわばイチから厳しい審査を受けることになる。車でいえば、毎回試験を受けるようなものである。逆にいえば、この厳しさこそが、総務省が放送局に対して大きな影響力を持ちうる源泉ともいえる。そもそも、こうした免許権限を政府が直接行使する仕組み自体も日本独特である。放送の自由を標榜しているような多くの国では、国が直接放送局に影響力を持つことを避けるため、免許権限は独立した行政機関に付すのが一般的だからだ。

さらにいえば、こうした免許の交付のためのチェックは「事前」審査であるが、日常的に、条件通り放送事業を行っているかどうかの「事後」審査が行われている。しかもこの事後的なチェックも、政府（総務省）が直接行う仕組みを日本は有している。このように、とことん関与できる仕組みであるがゆえに、本来は政府の側が自分たちの立ち振る舞いを抑制的にしてこそ、かろうじて制度が成立するところが、近年は役所や政治家の側の遠慮のなさが目立ち、たびたび問題になってきている。

たとえば戦後から一貫して政府は、放送法を倫理的な規範を示したものと解釈し、国会でも答弁してきたが、八〇年代半ばから考え方を変え始めた。そして九〇年代に入ると、放送法を根拠に放送番組の違法性を指摘、さらには、それを理由として免許を取り上げると明言するようになってしまっている。実際に総務省は、個別に番組をチェックし、問題があると思うと行政指導という名目で、事実上の行政処分ともいえる業務改善命令を発するようになった。

こうした状況にならないように、戦後すぐには電波監理委員会が設置され、先に触れたように、免許権限はこの独立した行政機関である委員会が担うことになっていた。しかし残念ながら、設置からわずか二年で廃止され、その後は郵政省（現在の総務省）が一手に放送行政を担い、そして免許権限を行使するようになったわけである（鈴木秀美・山田健太共編『放送制度概論』〔商事法務、二〇一七年〕参照）。

†放送法改正の動き

こうした状況の中で二〇一八年に入って急浮上した話が、通信・放送の統合である。テレビ、ラジオ番組の政治的公平を求めた放送法四条を撤廃するなど、ＮＨＫ以外の放送をなくし、通信に統合することを目指した政府の放送改革の議論が示されたからだ。ただし議論途中でその内容が報道されたことで火が付き、民放界などからの強い反対の声を受けることになった。

その結果、議論の場である規制改革推進会議の答申に向けた論点整理は「電波の有効活用に向けた制度のあり方」を検討すると言うにとどまり、具体的な方針を示すことなくトーンダウンした。安倍内閣も「四条撤廃については政府として具体的な検討をしていない」との答弁書を閣議決定している。

しかし、政府が考える放送法改正の方向性は、看過できない重要な問題をはらんでいる。それは今後の放送行政ばかりか市民社会にも少なからぬ影響を及ぼす可能性があるからだ。その意味では、いったい何が問題なのか、きちんと確認しておく必要があるだろう。

第一に、政府が時の経済政策の一環として、放送法を好きに変えることができると考えているらしいことである。憲法が為政者の恣意的な権力行使ができないようにするための基本ルールであることは、よく知られているところだ。同様に放送法は、免許事業であるがゆえに国の介入が起きがちな放送の領域で、国を縛る法であるという性格を持つ。

新規参入などで市場を活性化するために規制を外すというのは、一瞬聞こえは良いが、実は国が自由な裁量で通信・放送領域に口出しできることと裏表である。本来は放送の自由を守るためのルールを定めているにもかかわらず、現実には、放送法はビジネスとしての放送という観点から、決め事を次々増やす方向で改正を重ねている。

一方、本来は放送局の自律を求めていた条文を、政府が違法行為を判断する基準として活用する事態が続いている。これらに共通するのは、放送法の精神を理解しないばかりか、その存在自体を軽視する姿勢であるといえるのではないか。

第二に、政府が電波を「金のなる木」と捉えていて、電波を使った自由な商業活動を担保することで経済を活性化したり、電波割り当てへのオークション制導入などによって新たな税収のよすがにしたりすることばかりに注力しているように見えることだ。

しかし、放送は「みんなのもの」であるという意識を忘れないことが大切だ。いわば公共概念であり、みんなに開かれていて、みんなのためになることが重要であろう。一般企業でも社会貢献が求められている時代、放送はまさにパブリックな存在であって、だからこそ日本では商業放送といわずに「民間」放送と呼んでいるのではないか。経済一辺倒の議論は、放送が民主主義を支える社会的機能であるという大前提を崩壊させることにつながる。

NHKのみならず、民放も含めた公共的な放送が、豊かで自由闊達な情報流通を実現する言論公共空間をつくり出すことが求められてきた。こうした役割は、分断化が進む今日の社会において、より重要になってきているとすらいえる。だが、残念ながら政府の姿勢からは、公共的なメディアの未来像はまったく見えてこない。

ならば放送人自身が、これを機に自らの将来像を積極的に視聴者に向けて語る必要があると思う。それも放送法が求めている放送人の責務の一つであろうし、私たち視聴者も公共の一端を担う者として、傍観者ではいられまい。

†三層構造

このように若干不透明な先行きではあるものの、免許制度自体がなくなることは当分はあり得ないし、現行の地上波放送（一般に「地上デジタル放送」と呼ばれている、放送塔から電波を発信して各家庭で受信をしている放送）においては、NHKを全国放送、民放を県域（圏域）放送、FMコミュニティ放送を限定的な地域放送として区分している制度に変更はなかろう。そしてこの構図がそのまま沖縄県内においても適用されていることになる。

さらにもう少し、日本の放送制度について付言しておくと、特徴的なのは主に広告収入を柱とする民間放送（民放）と、営利を目的とせず受信料を財源に運営される日本放送協会（NHK）の「二元体制」で成り立っていることである。もちろん、多くの国で似たような制度があるが、日本ほど両者の力が均衡していて、並び立っている国は珍しい。たとえば高視聴番組の順位一つとっても、オール民放とNHKで拮抗している。

また、放送には地上放送のラジオ・テレビのほか、衛星放送（八七年からBS、九二年からCS）やケーブルテレビ放送があり、このなかには加入者からの視聴料で運営される有料放送もある。民間の放送が始まったのは戦後で、戦前のラジオ時代はNHK（いまのNHKとは別組織で前身にあたる）に独占されていた。まず五一年に日本初の民間放送としてラジオ一六社が予備免許を受け、同年九月に中部日本放送（現CBCラジオ）と新日本放送（現毎日放送）がラジオ放送を開始した。

さらに二年後の五三年にはNHKに続いて、日本テレビ放送網が民放初のテレビ局として開局している。以後、一九五〇年代から六〇年代にかけて民放の中波ラジオ（AMラジオ）とテレビが全国各地で開局し、六九年にFMラジオが加わり、ラジオ・テレビともに地上系の民放が全国に普及していくことになる。

なお、現在の放送法の区分では、地上放送とBS放送、東経一一〇度CS放送が「基幹放送」と位置づけられており、さらに地上放送局はほぼ、「特定地上基幹放送事業者」という特別枠となっている。二〇一一年の放送法改正で、ハード（放送施設）とソフト（放送内容）は分離することが決まったものの、この特別枠の放送局は、自分で制作した番組を自分の放送設備から流すという、従来からの「ハード・ソフト一致」の事業運営が認められることになっている。

†戦後沖縄の放送

戦後の沖縄県内の放送のはじまりは、一九五〇年、川平朝申《かびらちようしん》らが立ち上げた琉球放送局（AKAR）とされている。米軍施政下の監視のもと、旧具志川《ぐしかわ》村栄野比《えのび》から流した日本語ラジオ放送「琉球の声」である。その後、五四年十月、沖縄タイムス社等の資金提供により琉球放送（ＲＢＣ）が初の民間放送局として開局、五九年十一月一日には沖縄テレビ（ＯＴＶ）が県内初のテレビ放送を開始している。そして六〇年には、琉球放送（ＲＢＣ）がテレビ放送、ラジオ沖縄（ＲＯＫ）がラジオ放送を開始している。この段階で、現在の県内放送の構図が決まったことになる。

ちなみに、一九五五年に米軍テレビが嘉手納《かでな》（その後、ライカム）に開局、英語放送を始めてはいたが、一般市民への広がりはなかったとされる。そうした中で、五九年の皇太子結婚のニュース映画がブームになり、一気に日本語のテレビ放送を求める声が高まり、開局へと結びついたといわれている。

ただしこれには先史があり、戦後間もない一九四八年には、極東軍司令部（CINCFE）、フィリピン・琉球軍司令部（PHIL-RYCOM）に対し、暫定的な放送局建設の認可を求め、翌四九年には、琉球放送局を琉球列島米国軍政府通信部により開設した（ただし一週間で放送中止）。

そして五〇年には、先述の琉球放送局「琉球の声」を、琉球列島米国軍政府情報教育部（後に琉球列島米国民政府情報教育部）により正式に開設、五二年にはＧＨＱの支援で設立された琉球大学の施設内に社屋を移転した（コールサインをＫＳＡＲに変更）。さらに五四年四月には、琉球大学基金財団、ラジオ沖縄社と放送施設の賃貸契約し、「琉球の声」を琉球列島米国民政府より琉球大学財団に移管した。そのうえでラジオ沖縄社に委託して放送を開始している。これらはもっぱら米国民政府の資金難による変更であったとされる。このように運営主体は変わったものの、厳しい検閲下におかれていたことには変わりない。

一方、当時のNHKの番組は本土で録画したあと沖縄に空輸され、民間二局がスポンサー付きで放映していた。朝ドラや紅白歌合戦にもコマーシャルが入っていたということだ。米軍施政下であるから、当然ながら受信料制度は適用されないわけで、本土のような「公共放送」は成立しえなかったということだ。

その後、NHK沖縄放送局は二〇〇六年に、豊見城《とみぐすく》市高安《たかやす》から現在地（おもろまち）に移転した。同沖縄放送局の前身は、戦時中、首里《しゆり》市山川《やまがわ》町に造られたが、沖縄戦で廃局となったため、戦後沖縄の放送は、米軍と民間放送が牽引したという歴史を有している。ちなみに、返還後の沖縄では、日本軍に対する特別な感情などを勘案し、当分の間、放送終了時に日の丸・君が代の放送を行っていなかった（なお現在は、総合テレビなどで二四時間放送が始まったことから、本土も含め放送されることは限定的である）。

日本の放送局の場合、民放は県域放送となっているが、実際は相互にネットワークを組むことで、疑似的な全国放送を実施している。それは、取材の分野でも番組供給の分野でも必須の協力関係でもある。たとえば、沖縄県内で起きたニュースは県内放送局で取材できるが、県外の出来事については、外部の報道機関に頼らざるを得ないからだ。

そしてこの相互扶助の関係は、主として東京の放送局（キー局）と大阪の放送局（準キー局）、さらに歴史が古い中部の放送局を中心に形成されることになっている。その結果から当然、在京キー局の数だけネットワークが存在することになる（図「民放局のネットワーク」参照）。

このネットワーク図からすぐわかる通り、沖縄の場合は、JNN系列（TBSほか）の琉球放送、FNN系列（フジほか）の沖縄テレビ放送、そしてANN系列（テレビ朝日ほか）の琉球朝日放送が存在する。一方でNNN系列（日本テレビほか）はネット局が存在しないことになる。

なお、琉球放送はラジオとテレビの兼営で、ラジオ局は社内カンパニー化し、二〇〇二年から名称を「RBCiラジオ（アールビーシー・アイ・ラジオ）」に変更している。

†民放に続きNHKも

一九五四年に琉球放送株式会社が設立され、琉大財団より全放送設備を賃借して、沖縄初の放送が開始された。五七年には、テレビ放送の免許を申請したものの米国民政府は却

民放局のネットワーク

	JNN（28社）	NNN（30社）	FNN（28社）	ANN（26社）	TXN（6社）	独立協（13社）
北海道	北海道放送 HBC	札幌テレビ放送 STV	北海道文化放送 UHB	北海道テレビ HTB	テレビ北海道 TVH	
青森	青森テレビ ATV	青森放送 RAB		青森朝日放送 ABA		
岩手	IBC岩手放送 IBC	テレビ岩手 TVI	岩手めんこいテレビ MIT	岩手朝日テレビ IAT		
宮城	東北放送 TBC	宮城テレビ放送 MMT	仙台放送	東日本放送 KHB		
秋田		秋田放送 ABS	秋田テレビ AKT	秋田朝日放送 AAB		
山形	テレビユー山形 TUY	山形放送 YBC	さくらんぼテレビジョン SAY	山形テレビ YTS		
福島	テレビユー福島 TUF	福島中央テレビ FCT	福島テレビ FTV	福島放送 KFB		
東京	TBSテレビ TBS	日本テレビ放送網 NTV	フジテレビジョン	テレビ朝日	テレビ東京	東京メトロポリタンテレビジョン
群馬						群馬テレビ GTV
栃木						とちぎテレビ TTV
茨城						
埼玉						テレビ埼玉 TVS
千葉						千葉テレビ放送 CTC
神奈川						テレビ神奈川 TVK
新潟	新潟放送 BSN	テレビ新潟放送網 TeNY	新潟総合テレビ NST	新潟テレビ21 UX		
長野	信越放送 SBC	テレビ信州 TSB	長野放送 NBS	長野朝日放送 ABN		
山梨	テレビ山梨 UTY	山梨放送 YBS				
静岡	静岡放送 SBS	静岡第一テレビ SDT	テレビ静岡 SUT	静岡朝日テレビ SATV		
富山	チューリップテレビ TUT	北日本放送 KNB	富山テレビ放送 BBT			
石川	北陸放送 MRO	テレビ金沢 KTK	石川テレビ放送 ITC	北陸朝日放送 HAB		
福井		福井放送 FBC	福井テレビジョン放送 FTB	福井放送 FBC		
愛知	CBCテレビ	中京テレビ放送 CTV	東海テレビ放送 THK	名古屋テレビ放送	テレビ愛知 TVA	
岐阜						岐阜放送 GBS
三重						三重テレビ放送 MTV
大阪	毎日放送 MBS	読売テレビ放送 YTV	関西テレビ放送 KTV	朝日放送 ABC	テレビ大阪 TVO	
滋賀		【10】	【8】			びわ湖放送 BBC
京都						京都放送 KBS
奈良						奈良テレビ放送 TVN
兵庫						サンテレビジョン SUN
和歌山						テレビ和歌山 WTV
鳥取	山陰放送 BSS	日本海テレビ放送 NKT				
島根			山陰中央テレビ TSK			
岡山	山陽放送 RSK		岡山放送 OHK		テレビせとうち TSC	
香川		西日本放送 RNC		瀬戸内海放送 KSB		
徳島		四国放送 JRT				
愛媛	あいテレビ ITV	南海放送 RNB	テレビ愛媛 EBC	愛媛朝日テレビ EAT		
高知	テレビ高知 KUTV	高知放送 RKC	高知さんさんテレビ KSS			
広島	中国放送 RCC	広島テレビ放送 HTV	テレビ新広島 TSS	広島ホームテレビ HOME		
山口	テレビ山口 TYS	山口放送 KRY		山口朝日放送 YAB		
福岡	RKB毎日放送 RKB	福岡放送 FBS	テレビ西日本 TNC	九州朝日放送 KBC	TVQ九州放送 TVQ	
佐賀			サガテレビ STS			
長崎	長崎放送 NBC	長崎国際テレビ NIB	テレビ長崎 KTN	長崎文化放送 NCC		
熊本	熊本放送 RKK	熊本県民テレビ KKT	テレビ熊本 TKU	熊本朝日放送 KAB		
大分	大分放送 OBS	テレビ大分 TOS	テレビ大分 TOS	大分朝日放送 OAB		
宮崎	宮崎放送 MRT	テレビ宮崎 UMK	テレビ宮崎 UMK	テレビ宮崎 UMK		
鹿児島	南日本放送 MBC	鹿児島読売テレビ KYT	鹿児島テレビ放送 KTS	鹿児島放送 KKB		
沖縄	琉球放送 RBC		沖縄テレビ放送 OTV	琉球朝日放送 QAB		

背景色がグレーの局はクロスネット社、衛星放送は除く
日本民間放送連盟作成資料より

下、翌五八年に琉大財団から全放送施設を買収し、完全な形での民間放送としてスタートしている。五九年にテレビ放送の免許を再申請し予備免許を取得し、翌六〇年、沖縄で二番目の民間テレビ放送を開始した。

七二年の日本復帰により日本の放送局となり、同時に日本民間放送連盟の正式な加盟社(それまでは準加盟の扱いであった)となっている。同社の筆頭株主は、代表取締役会長の小禄邦男と沖縄タイムス社で一〇%ずつを保有する。ほかの主要株主としては琉球銀行で、資本金は二億七〇〇〇万円、従業員数は一〇六人である。

一方で沖縄テレビは、日本教育テレビ(現・テレビ朝日)やNHKなどに社員を派遣し、放送態勢の構築に努めた。資本基盤については、設立する際に当時全国ネットを持っていなかったフジテレビが興味を示し資本提携を組むこととなった。手法として、「東京沖縄テレビ放送株式会社」を一九六〇年に設立し、東京での営業活動を展開、スポンサー獲得を図ったわけである(その後、「アジアビジョン」のなかの沖縄テレビ部門として活動)。

その結果、今日においても主要株主はフジ・メディア・ホールディングスで三〇%を保有する。一九五六年にテレビ放送免許を申請、二年がかりで五八年に予備免許交付、翌五九年には県内初のテレビ局として開局している。全国で三六番目のテレビ局誕生で、開局当日のスタジオには、琉球政府行政主席、立法院議長ら沖縄政財界関係者が揃い、日本政府を代表し岸信介首相（当時）から祝辞が届いたと記されている。

なお、当初はＮＨＫを含めたフリーネット制をとっていたが、六九年にフジテレビ系列となった。ただし、日本テレビ系列局がないため、フジテレビ系のローカル枠の時間帯に日本テレビ系列の番組が一部放送されている。また、七五年に毎日放送の番組がすべて琉球放送に移行され、代わりに朝日放送の番組を放送するようになった（いわゆるネットワークの腸捻転解消）。

六四年九月には本土・沖縄間の日琉マイクロ回線が開通し、本土と時差なしでのテレビ放送が視聴可能となった。いわば「電波の本土復帰」と呼ばれ、このリアルタイム放送の実現によって、それまでのフィルムに撮影した「キネコ」の空輸から解放されることになった。ただし当時は、マイクロ回線（鹿児島・沖縄間）は下り一本しかなかったため、民放二局とＮＨＫの調整は困難を極めたとされている。

なお、このマイクロ回線開通に合わせてＮＨＫの番組放送が始まる。当時の沖縄は「外国」であってＮＨＫが置局することは法制度上も政治的にもあり得なかった。一方、沖縄テレビもフジテレビ系列局が福岡止まりでマイクロ回線による番組ネットが困難視されていた。

こうした両社の思惑が一致し、ＮＨＫは沖縄テレビの電波で沖縄進出を果たし、沖縄テレビはNHKの番組をネットすることで番組放送時間を確保することができたといえる。いわば「沖縄ならではの珍現象」であったわけであるが、こうした関係は六八年暮れまで四年間にわたって続くことになる。この間、両社は制作においても協力体制を組み、NHKの番組にも「制作・沖縄テレビ」のクレジットが入った。またNHK紅白歌合戦も、生放送の放送番組中にコマーシャルが入るという、珍しい形態が生まれることになった。

七二年の本土復帰と同時に、日本の民間放送としてFNN・FNS（フジネットワーク）に正式加盟、琉球新報とは資本関係は深くないものの、役員の上での関係を有する。資本金は二億八八〇〇万円、従業員数は一〇六人である（二〇一〇年）。

†一局二波

そしてもう一つの放送局である琉球朝日放送（QAB）は、国内でも特殊な形態をとる放送チャンネルである。民放テレビ局では唯一、先発既存局による一局二波の放送局であり、一つの社屋に二社の民放テレビ局が入っている。琉球放送は、琉球朝日放送の放送業務のうち、アナウンス・報道取材・営業関係の一部を除く大部分の業務を受託しているため、事実上、一局二波体制をとっているからである。琉球放送から社員・スタッフも多く出向しているなど、関係は深い。

復帰後の九五年にUHF局として開局、琉球放送が資本参加するほか、社屋も琉球放送会館を共有している。その意味では、放送の仕組み上、琉球放送の第二チャンネルといってもよい側面がある。その後、両放送の統合がめざされたが、ネットワークの関係もあり見送られている。資本構成は、テレビ朝日ホールディングスと朝日新聞社がそれぞれ二〇%弱、琉球放送が一〇%弱、沖縄タイムス社が五%強を保有する。

こうした動きのきっかけは、八六年の郵政省「全国あまねく民放テレビ四局化」方針である。これを受け、日本テレビとテレビ朝日が沖縄進出をうかがうとともに、県内経済界でも八九年に「南西放送」が設立され、日本テレビをネットすることで郵政省との交渉を本格化させていた。

一方で沖縄県の経済規模から共倒れの危惧をもった関係者が集まり、琉球放送から「一局二波構想」が提案され、既存二局がそれぞれ新たな系列局を新設し、社員や機材を提供することが検討された。しかし結果的には、日本テレビが沖縄進出を断念、沖縄テレビも独自路線を選択したことで、琉球放送は提携関係にあった沖縄タイムスと朝日新聞との関係からパートナーのテレビ朝日を選び、現在の一局二波体制が生まれることになった。

NHKは、先に述べたように沖縄テレビと二人三脚で番組供給をしていたわけであるが、一九六七年、沖縄放送協会（OHK）を設立、翌六八年暮れから放送が開始された。また、

NHKは当初より先島（宮古・八重山諸島）エリアで同時視聴できていたが、民放局の同エリアでの同時視聴の実現は、実に九三年まで待たねばならなかった。開局から三四年かかったことになる。

沖縄県下の放送について、もう一つ記しておくべき特質がある。民放五局（テレビ三局・AM・FM）は二〇〇六年二月十七日付で、国民保護法に基づく指定公共機関に関する承諾書を沖縄県に提出した。他の都道府県では要請を受け入れるなか、沖縄の放送局だけが承諾をいったん保留したことに大きな意味がある。理由としては、「報道の自由が侵害される疑念が拭えない」「避難の指示、緊急通報は本来放送に携わる者の使命であり、あえて義務付けられるべきではない」というものであった。

これに対し県からは文書で、「放送のあり方に県が干渉するものではなく、あくまでも報道の自由は保障される」との回答があったことから、「いかなる緊急事態においても県民の基本的人権および知る権利を守り、自由で自律的な取材報道活動を貫く」との条件を付して、承諾書を提出したものである。

沖縄県の歴史の教訓（沖縄戦及び米軍統治）と、報道の自由をまさに勝ち取ってきたものとして、簡単に手放すことはあり得ないとの強い決意が込められた行動であった。こうした報道機関としての「当たり前」の行動が、沖縄のみで起こることが、逆に沖縄を特別視することにつながっているのがいまの日本の現状であるが、本来もし批判されるとすれば、躊躇なく承諾書を提出した本土側でなくてはならないであろう。

†地域放送

日本の場合、地域放送の担い手はコミュニティFM放送である。JCBA日本コミュニティ放送協会によると、二〇一八年現在、全国のコミュニティ放送局は三三〇局だ。九二年に制度化された超短波放送（FM）用周波数（VHF七六・〇～九〇・〇MHz）を使用する放送で、最大出力は二〇Wだが、放送エリア内外で電波干渉がない地域では特例として限度を上回る出力が認可されるケースもある。たとえば北海道稚内市の「FMわっぴ～」は一二年に五〇Wへ増力、同年には沖縄県久米島《くめじま》町の「FMくめじま」が八〇Wで開局している。

先に触れた三層構造の仕組みからすると、FMを使用する放送事業者は「県域（ローカル）放送」と「コミュニティ放送」に区分される。JCBAによると、設立基準の規制緩和が進み、法人格を有する起業者（規模の大小は問わない）のほか組合など団体でも開局できることになった。また放送義務は、小規模事業者でも運営ができるように「県域放送」に比べ、緩やかなのが特徴である。

沖縄地区のコミュニティFMは、以下のとおりだ。

・FMたまん 七六・三MHz（糸満《いとまん》市）いとまんコミュニティエフエム放送
・FM21 七六・八MHz（浦添《うらそえ》市）エフエム21
・サザンウェーブFMみやこ 七六・五MHz（宮古島市）エフエムみやこ
・FMニライ 七九・二MHz（中頭《なかがみ》郡北谷《ちゃたん》町）クレスト
・FMレキオ 八〇・六MHz（那覇市）FM琉球
・オキラジ 八五・四MHz（沖縄市）沖縄ラジオ
・ゆいまーるラジオ 八六・八MHz（うるま市）FMうるま
・FMぎのわん 七九・七MHz（宜野湾《ぎのわん》市）
・ぎのわんシティFM 八一・八MHz（宜野湾市）デルタ電気工業
・FMコザ　七六・一MHz（沖縄市）
・エフエム那覇　七八・〇MHz（南風原《はえばる》町）
・FMいしがきサンサンラジオ　七六・一MHz（石垣市）
・FMとよみ　八三・二MHz（豊見城市）
・FMよみたん　七八・六MHz（読谷《よみたん》村）

・ちゅらハートFMもとぶ　七九・二MHz（本部町《もとぶ》）FM本部
・FMやんばる　七七・六MHz（名護市）
・FMくめじま　八九・七MHz（久米島町）
・FMよなばる　七九・四MHz（与那原町《よなばる》）FMしまじり
・ハートFMなんじょう　七七・二MHz（南城市《なんじょう》）南笑亭
（最初の九局はJCBA加盟社）

冒頭に述べたとおり、地域への帰属意識が強い沖縄では、コミュニティ放送の特徴である、地域密着がより実践されているといえる。県内開局第一号は「FMたまん」の九七年であるが、局名の「たまん」が琉球言葉であるように、地元の言葉で表現することを心掛けている、という。

こうした地域放送とは、制度も実態も全く異なる形で発達してきているのが、衛星やインターネットを活用した放送である。両者とも、伝送路からすると「全国（あるいは全世界）」向けの情報発信形態であることから、その特徴を生かした沖縄報道が行われてきている。その一つの典型例が、「日本文化チャンネル桜」沖縄支局であろう。

同社は保守系テレビ番組制作プロダクションとして〇四年に設立され、〇七年に経営難で閉局するものの、インターネット配信を開始、ユーチューブやニコニコチャンネルに公式チャンネルを開局することで、情報発信を継続している。たとえば、ニコニコチャンネルでは一三年より「国防・防人チャンネル」を開設、同年には前述のチャンネル桜を設立し、沖縄の政治関連ニュースを積極的に取り上げている。

第二章

歴史

1　戦争による断絶

†憲法により区分される新聞史

日本の新聞の歴史を考える場合、明治・大正時代、戦前・戦中、そして戦後の三つの時代区分に分けて考えるのがわかりやすい。

勃興期である明治・大正時代には、讒謗律《ざんぼう》、新聞紙条例など、権力批判を許さないような法制度もあり、表現の自由は制度上も実際も最初から条件付きのものであった。しかしそれでも、自らの信じる政治信条を主張する政論新聞をはじめ、新聞・雑誌を中心に手に入れた自由を最大限発揮するかたちで、天下国家を論じていたといえる。

昭和に入ってからの戦前・戦中期は、もちろん、それ以前と同一の憲法（大日本帝国憲法）であって、報道の自由の保障は字句のうえでは変わらなかったものの、「法律の留保」規定に基づく数々の検閲制度の導入などにより、例外の一般化が進み表現の自由は事実上失われていった。それが戦後、新しい憲法（日本国憲法）の発布とともに、「原則と例外」の関係が正常な形に戻り、自由な言論・報道活動が保障されるようになった。

これに比べると、沖縄県内は大きく事情が異なる。むしろ沖縄の新聞の歴史を考える場合、全く違った三つの時代区分で考えることができよう。第一は、明治から昭和にかけての時代、その延長線上の第二次世界大戦中、次は戦後の米国施政下時代、第三が一九七二年の復帰以降である。言わずもがな、それは、大日本帝国憲法下の時代、米軍占領による「無」憲法の時代、そして日本国憲法の時代の三つである。まさに〝憲法〟によって、時代区分がされていることになる。

当然、大日本帝国憲法の時代も、表現の自由は憲法によって保障されていた。それは現在、筆者の知る限り、全ての国の憲法で表現の自由が明文で保障されているのと同様である。しかし一方で、旧憲法においては、「法律の留保」によって、その自由保障は形ばかりのものであり、公権力の恣意的な権力行使によって、いつでも市民的自由は奪われる関係にあった。新聞の自由もまさに、公権力の掌の上にあったということになる。

こうした中で戦前の沖縄県域における主要紙は、次図のような系譜を辿る。

†二重の制約による断絶

これらの新聞が、日本唯一の地上戦である沖縄戦によって、ことごとく壊滅し、廃刊と

戦前の沖縄県域における主要紙の系譜

『沖縄県史　各論編第五巻　近代』
「コラム三　近代沖縄における新聞の変遷」より

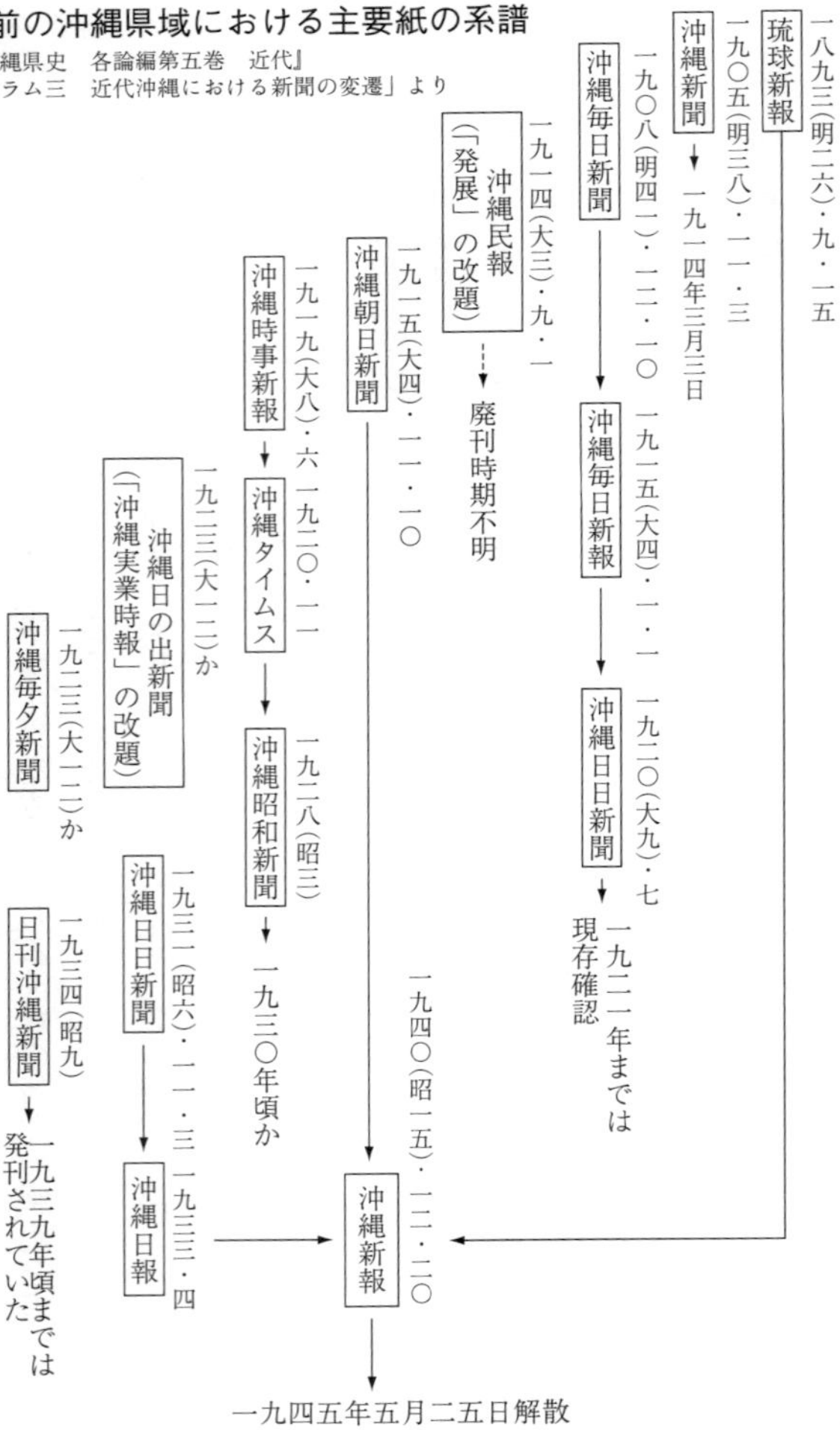

なるのが、日本の他の地域とは全く異なる歴史である。他県でも第二次世界大戦終盤において、各新聞社はほぼ例外なく米軍の空襲を受け、大きな被害を被っている。社屋を失ったり、そもそも社員を根こそぎ戦争に駆り出され、ヒト・モノ・カネの全てにおいて枯渇状況にあったといえるだろう。

それでも、あの原爆投下を受けた広島・長崎の地でさえ、新聞はほとんど途切れることなく発行され続け、今日に至るまでその題号は続いているのである。もちろんそこには批判もある。それは戦時中、軍や政府に全面的に協力をした新聞社は、自由を奪われた「被害者」であるとともに、国家を戦争へと導いた「加害者」でもあるからだ。そういった戦争責任を明確にしないまま、経営者もそして記者自身も、継続性を保つことに対する批判である。

それでいうと沖縄の場合は、戦争による物理的な破壊とともに、二七年に及ぶ米軍占領による自由の剝奪という二重の制約の中で、新聞発行は断絶せざるを得なかったということになる。戦没新聞人の碑文には、「一九四五年春から初夏にかけて沖縄は戦火に包まれた。砲煙弾雨の下で新聞人たちは二カ月にわたり新聞の発行を続けた。これは新聞史上例のないことである。その任務を果たして戦死した十四人の霊はここに眠っている」とある(写真参照)。四五年三月から始まった沖縄地上戦の最中も新聞発行は続き、首里城地下の

戦没新聞人の碑。沖縄新報、朝日新聞、毎日新聞、同盟通信の記者ら14人の名前が刻まれた碑が、那覇市若狭の旭ヶ丘公園内に建てられている

第三二軍司令部壕の近くにあった新聞社壕で、五月二五日に活字を地面に埋めて壕を出るまで発行が続けられたとされる。

†戦後の復興

戦後初めての新聞は、一九四五年七月二五日、現在のうるま市石川で占領米軍の情報宣伝紙として無料配布された「ウルマ新報」とされている（その意味で、米軍準機関紙と呼ばれることもある）。中心となったのは、教師などの新聞制作未経験者が多かったといわれている。これは、占領中の米海軍が石川収容地区で新聞発行を指示し、その際に戦前・戦中の新聞関係者を排除したための結果とされている。

わら半紙・ガリ版刷りで第一号には題号（紙名）はなく、八月一日発行の第二号からタイトル表示が始まり、第六号から活字になる（画像参照）。そして四六年五月の四五号からは「うるま新報」とひらがな表示に改題されている。当初の記事は米軍政府提供の情報を基にしたもので、米軍視点での記事となっている。

ただし米軍の意向通りであったかというと、そうではない側面も持ち合わせる。残された資料などからは、編集を任された島清《しまきよし》が、その条件として米軍に約束させたのが「人事、編集、運営等は一切、私の権限に属するものとする。軍は援助だけで干渉はしないこと」などであったとされる。また米軍資料からは、現地情報を取材を通して収集する目的があったことがうかがわれる。

そして四七年二月からは、うるま新報社は民間企業となり、購読も有料化されている。翌四八年には本社を、石川から那覇に移した。創刊当時の社長は社会主義者の島清で、その後、沖縄人民党の瀬長亀次郎《せながかめじろう》、池宮城秀意《いけみやぐしくしゅうい》、又吉康和《またよしこうわ》らが社長業を引き継いできた。五一年九月のサンフランシスコ平和条約締結を機に、「琉球新報」の題字を名乗るようになった経緯がある。

ウルマ新報

ウルマ新報第４号（沖縄県公文書館ウェブサイトより）

琉球新報は、明治時代の一八九三年九月十五日に、沖縄最初の新聞として同名の新聞があったものの（一九〇六年から日刊紙化した)、「沖縄新報」に統合の後、一九四五年の沖縄戦のなかでいったん消滅している。「うるま新報」の流れをくみ、さらに人的にもかつての琉球新報出身者が多かったということで、それ以前の戦前の「琉球新報」から紙齢を継続している(施政下において当初、従来沖縄で発行されていた新聞題号の使用を拒否された事情もあったとされる)。

一方で沖縄タイムスは一九四八年に、戦前・戦中の「沖縄朝日新聞」の記者が中心となって創刊された。七月一日の創刊であるが、その直前の六月二九日に軍票通貨の切替をスクープとして号外で発行し、これが実質的創刊と呼ばれている。創刊メンバーが大阪朝日新聞那覇通信部記者であったことから、当初より朝日新聞社と関係が深い。

具体的には、一九四五年の敗戦以降の新聞の流れを辿ると以下の通りとなる。なお、戦後勃興期の新聞については、実はもっと多くの新聞が各地で発行されていた可能性は否定できない。本土においても、数多くのいわゆる復興紙が存在したが、いまなおその多くは幻の新聞のままであるからだ。

【戦後の新聞系譜図】

ウルマ新報　一九四五年　↓　うるま新報　四六年　↓　琉球新報　五一年

沖縄タイムス　一九四八年

沖縄毎日新聞　一九四八年（五四年に廃刊）
沖縄ヘラルド　一九四九年　→　沖縄新聞　五一年　→　沖縄朝日新聞　五一年　→
　沖縄新聞　五四年（五七年に競売、五八年に自然終刊）
琉球日報　一九五〇年　→　琉球新聞（五五年に廃刊）
沖縄日日新聞　一九五九年（六一年に廃刊）
沖縄時報　一九六七年（六九年に廃刊）

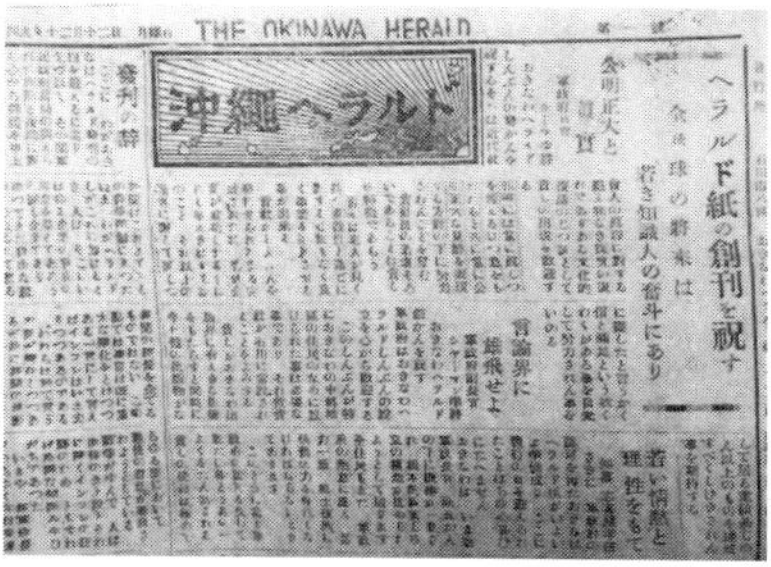
THE OKINAWA HERALD
沖縄ヘラルド
ヘラルド紙の創刊を祝す
全琉球の前途は
若き知識人の奮斗にあり
発刊の辞

では、沖縄県内には保守系の新聞はなかったのかといえば、答えは否である。復帰前の一九六七年に保守系県紙「沖縄時報」が創刊されたものの、二年もしないうちに廃刊している。同紙は、地元二紙の報道姿勢に不満を持つ国場組など財界の経済的支援を受け創刊されるが、創刊翌年の主席選挙で革新系候補が勝利することで、一時は五万部程度まで伸ばした部数が落ち込み、廃刊を余儀なくされたと伝えられている。

また、紙名の改題を重ねた沖縄ヘラルドも一時、保守的論調を張っていた。一九四九年末にタブロイド判で発刊、当初は隔日発行であったが、五〇年から日刊となった。創刊当時、社員が二〇代中心の社は紙面上でも理想主義を掲げ精彩を放っていたとされるが、社長が交代し「共産主義と闘う」ということで「一八〇度編集方針を変える」とともに「沖縄新聞」に題号を変えた。その後、また元の創業社長に戻ると「沖縄朝日新聞」に改題、さらにまた社長が交代すると紙名も「沖縄新聞」に戻り、親米的新聞として刊行されたという経緯がある。

そして今日の新聞地図がおおよそ固まったのが、七二年の返還の頃とされている。

†豊富な地域紙

もう一つの特徴は、地域紙の豊富さである。これは、必ずしも沖縄県域に限った話ではなく、日本全土において共通した特徴でもあるが、それぞれのエリアの地域紙の歴史が脈々と続いている。現在の沖縄県内における保守系新聞は、前述の通り八重山日報であるが、当該八重山地方の新聞は以下のような状況であった。戦前・戦後にわけて図にしているが、ほとんどの時期には、常に二〜三紙が存在し、競合していることが分かる。

なお、沖縄でも戦時下には新聞統合が実行され、琉球新報、沖縄朝日新聞、沖縄日報の三紙が一九四〇年に統合され、沖縄新報となった。興味深いことに、八重山地方はその例外として、海南日報の発行が継続して許された。ただしその海南日報も、四五年三月には休刊している。

【八重山地方の戦前の新聞の変遷図】

先嶋新聞　一九一七年　↓　先嶋朝日新聞　一九二七年（四〇年に廃刊）
八重山新報　一九二一年（三四年に廃刊）
〈二紙競合時代〉
八重山民報　一九三一年（三六年に廃刊）
海南時報　一九三五年（四五年に休刊、戦後に再刊＝一九四六年一月〜五九年十二月）
〈三紙時代〉

戦時下における食糧難は、マラリアの大流行とも重なり八重山住民を死と飢えの恐怖のどん底に陥れたとされる。八重山戦争マラリアと呼ばれているもので、とりわけ波照間《はてるま》島ではマラリア発生地域であった西表《いりおもて》島への強制移住により、ほぼ全員が罹患し、島民の三分の一が亡くなった。

そうしたなかで、行政機関の中心である沖縄県八重山市庁の行政機能は完全に喪失し、戦後の混乱の中で、自治政府をつくろうとの機運が盛り上がった。そして、米軍施政下における一九四五年十二月十五日、八重山会館で住民集会が開かれ、自治会という名の「人民政府」が誕生したとされる。
わずか八日後の二三日、米国は「米国海軍政府布告第一号・A」を発令し、八重山に軍政府を樹立したため、自治会は八日間で活動の停止を余儀なくされた。また年明けには八重山支庁が発足し行政機能が再開したため、一月二三日に会は解散した。しかしこうした独立した自治意識の高さは、次に示すような活発な新聞発行にも表れていると思われる。

【八重山地方の戦後の新聞の変遷図】

海南時報　一九四六年復刊（一九五九年に廃刊）
八重山タイムス　一九四六年創刊？　↓　南流タイムス
八重山子供新聞　一九四六年創刊？
南西新報　一九四六年ころ創刊（一時休刊ののち一九六七年復刊）
自由民報　一九五〇年ころ創刊？
婦人新聞　一九五〇年ころ創刊？
先島新報　一九五〇年ころ創刊？
南琉日日　一九五〇年　↓　八重山毎日新聞（一九五二年改題）
八重山新報　一九五五年
八重山時報

八重山朝日
八重山新聞
〈各紙廃刊し、八重山毎日新聞独占時代〉

また雑誌も、戦後まもなく「八重山文化」「南の星」「新世代」「若い人」「青い鳥」「みどり」「あざみ」「土」「れいめい」「ながれ」などが次々と刊行され、新聞とともに出版文化が花を咲かせた時代であった。

2 在沖米軍基地の地位

言わずもがな、沖縄のメディアは基地とは切っても切れない関係にある。それは、今日現在、基地のある生活が目の前に広がり、報道の対象として基地が日常化しているというだけでなく、一九七二年までの四半世紀、軍による支配を受けていたという意味で報道の自由の制約を厳しく受けていたという点でも当てはまる。

それゆえに、こうした報道活動を理解する上では、在日米軍基地の制度的理解と、基地をめぐる住民感情のありようを知ることが不可欠である。そこで初めに、沖縄県に存在する在日米軍基地はどのような法的根拠のもとに運用されているのかについて、日米間で結ばれた条約から整理する。なお、米軍基地の現状や、より詳細な運用実態等は、すでに多くの資料が刊行されているので、ここでは触れない。

†基地の強制収用

沖縄県に存在する在日米軍基地はどのような根拠のもとに存在し続けているのか、その始まりは戦時中にまでさかのぼる。沖縄県外の基地が一般に、戦前・戦中からの軍用地などを使用しているのとは違い、沖縄は戦時に米国によって軍事占領された間に、強制的に土地を接収され、今日に至っている点に根本的な相違がある。

そのために、戦後、米軍占領が継続した期間（施政下とか民政府と呼ばれる、一九七二年の沖縄返還までの四半世紀）においても、さらには沖縄が返還されたのちにおいても、「特別な法」の存在によって、米軍の基地利用が継続している側面がある。これはまさに、日本国憲法の適用を部分的に制限することにほかならない。沖縄県民は、憲法の制定に関与できなかったのみならず、その憲法を制約し日々の生活に大きな影響を与え続ける特別法の制定にも全く関与できなかったという意味で、二重に自らの手が届かないところで出来上がった制度のもとにあるということができる。

特別法とは具体的には、日米安保条約（日本国とアメリカ合衆国との間の安全保障条約：Security Treaty Between the United States and Japan）とその下での行政協定である日米地位協定（日本国とアメリカ合衆国との間の相互協力及び安全保障条約第六条に基づく施設及び区域並びに日本国における合衆国軍隊の地位に関する協定：Agreement under article VI of the treaty of mutual cooperation and security between Japan and the United States of America, regarding facilities and areas and the status of United States armed forces in Japan）がそれにあたる。あえて、条約名の全文を日米両文で記しておく。

これらの運用をめぐっては、日米両政府高官によって組織される日米合同委員会（Japan-US Joint Committee）の存在がある。二五の委員会から構成されており（次表、外務省作成）、メンバーは、日本側代表が外務省北米局長で、法務省・農水省などの官僚が参加、米国側代表は在日米軍司令部副司令官で、ほかに駐日米国大使館公使ほか米軍高官が参加する（吉田敏浩『「日米合同委員会」の研究』［創元社、二〇一六年］ほか参照）。

合同委員会の定義については日米地位協定二五条で定められており、施設及び区域に関する協議が行われることになっている。この委員会での決定が、事実上の法と同様の効果を生み出しているうえ、この議事内容がほぼすべて非開示となっており、情報公開訴訟で

日米合同委員会組織図

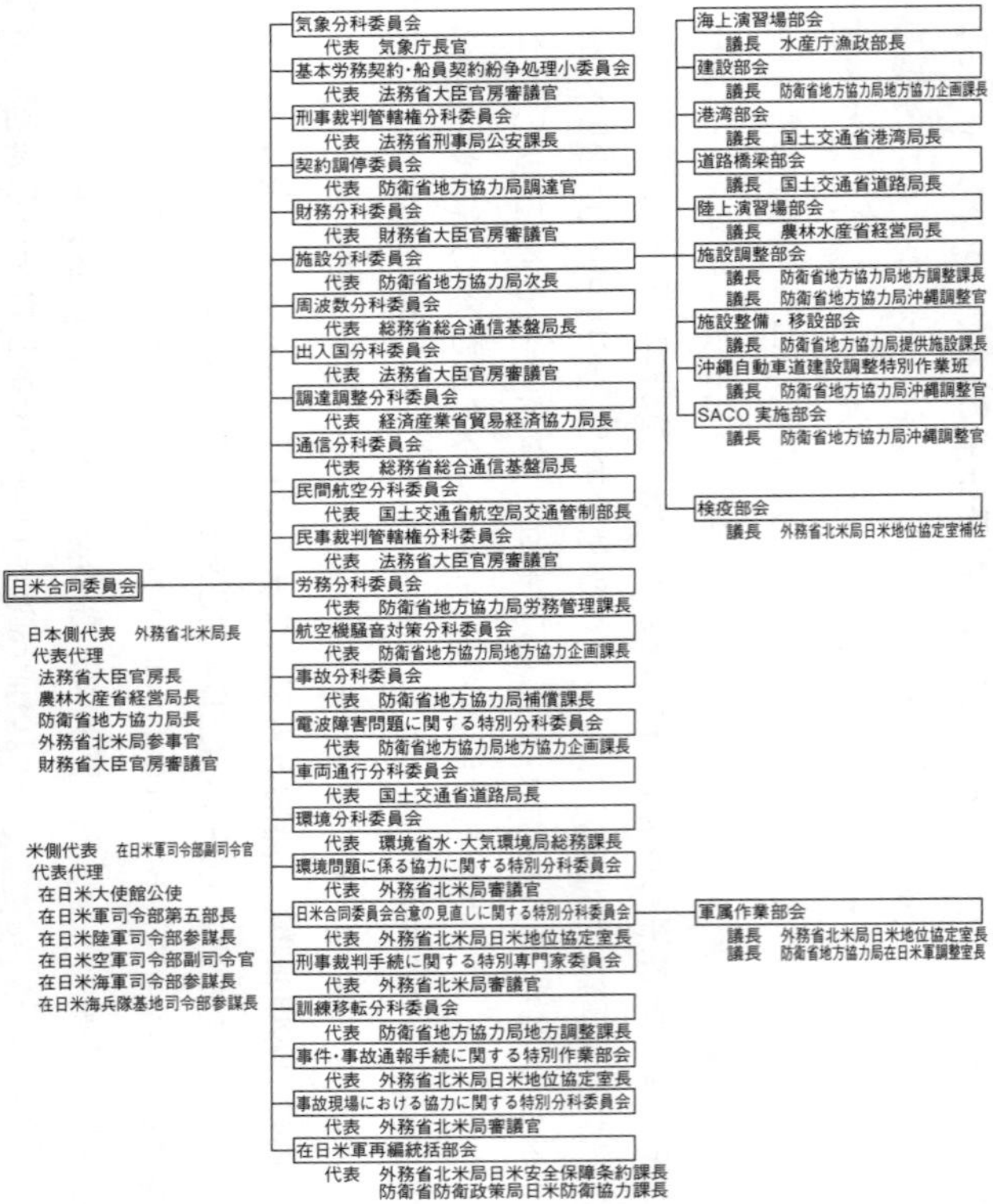

平成30年２月現在。「代表」及び「議長」は、日本側代表・議長を示す

も争われているがこの壁はとてつもなく厚い。日米間の軍人と行政官による秘密会議で決まった内容が日米政府間の「密約」として、実定法を大きく逸脱するばかりか、憲法で保障された権利を大きく制約する事態を生んでいるということになる。

地位協定第二五条「一　この協定の実施に関して相互間の協議を必要とするすべての事項に関する日本国政府と合衆国政府との間の協議機関として、合同委員会を設置する。合同委員会は、特に、合衆国が相互協力及び安全保障条約の目的の遂行に当たって使用するため必要とされる日本国内の施設及び区域を決定する協議機関として、任務を行なう。

二　合同委員会は、日本国政府の代表者一人及び合衆国政府の代表者一人で組織し、各代表者は、一人又は二人以上の代理及び職員団を有するものとする。合同委員会は、その手続規則を定め、並びに必要な補助機関及び事務機関を設ける。合同委員会は、日本国政府又は合衆国政府のいずれか一方の代表者の要請があるときはいつでも直ちに会合することができるように組織する。

三　合同委員会は、問題を解決することができないときは、適当な経路を通じて、その問題をそれぞれの政府にさらに考慮されるように移すものとする」

そして沖縄の地位については、戦後、日本と米国の間では、一九五一年に調印されたサンフランシスコ平和条約（日本国との平和条約：Treaty of Peace with Japan、昭和二七年条約第五号）が根拠となり、米国が沖縄県に対して絶対的な権限を持つことになった。ここでの大きなポイントは、米国が希望する兵力を、望む場所に、望む期間だけ駐留させる権利を確保することだとされている。占領軍は、引き続き駐留軍として残留することが決まったわけである。

平和条約第三条「日本国は、北緯二十九度以南の南西諸島（琉球諸島及び大東諸島を含む。）、孀婦岩《そふ》の南の南方諸島（小笠原群島、西之島及び火山列島を含む。）並びに沖の鳥島及び南鳥島を合衆国を唯一の施政権者とする信託統治制度の下におくこととする国際連合に対する合衆国のいかなる提案にも同意する。このような提案が行われ且つ可決されるまで、合衆国は、領水を含むこれらの諸島の領域及び住民に対して、行政、立法及び司法上の権力の全部及び一部を行使する権利を有するものとする。」

平和条約第六条a「（前略）外国軍隊の日本国の領域における駐とん又は駐留を妨げ

るものではない」

戦中・戦後の沖縄における米軍の状況については、各種の文献によって、「米軍は、沖縄戦の戦闘中から占領地域の住民を計十二カ所の収容場に収容し、住民のいなくなった土地を占拠して、沖縄戦と本土攻撃用の基地を建設した」「アメリカ軍は、日本の敗戦後、沖縄に半永久的基地を築いた。そして、ベトナム戦争は、この基地が大いに役立った」などの記述がされている。

にもかかわらず米軍にも、あるいは日本（とりわけ本土）の側にも、こうした歴史認識が欠如していると思われる発言がいまだになくならない。たとえば、一八年五月二日には、在沖縄米軍海兵隊トップのロバート・ネラー司令官が、普天間飛行場について「非常に古い施設で第二次世界大戦にさかのぼる。建設当時の写真を見ると、数キロ以内に住む人はいなかった。今は飛行場周辺の市街地がフェンスのすぐ近くに広がる」と発言したことが報じられている。

先述したとおり、同飛行場は、戦中・戦後にかけ、住民が収容所に隔離されている間に、米軍が集落のあった土地を奪って造った基地であって、住民が帰村後、飛行場周辺に住まわざるを得なかった経緯を、明確に曲解するものだ。また一五年六月の自民党若手議員の

二〇〇八年段階ではまだ、辺野古港とキャンプ・シュワブの境界線は低い有刺鉄線だけだった（上）。年を追うごとに頑丈なフェンスになっていった（下は二〇一四年夏）。看板には「米国海兵隊施設　許可なく立ち入った者は日本国の法令により処罰される」とある。

勉強会での発言に続き、一七年十月にも百田尚樹が、沖縄・名護市で開かれた市民集会で同様の発言をしている。

しかもこの種の発言が、無知・不勉強による誤解ではなく、意図的に繰り返しなされていることが重要だ。米軍関係者間でも、二〇一〇年には在沖米四軍調整官事務所長のケビン・ビショップ、米国務省日本部長のケビン・メアが「周辺には最初、何もなかった」などと発言をし問題になった経緯がある。

†沖縄切り離し

戦後の米軍による沖縄支配は、いわゆる明治政府による「琉球処分」に続く「第二の琉球処分」、沖縄の切り離しと呼ばれているものである。そしてこの方針は、天皇によって是認されていた（あるいはより積極的に推進された）ことが、最近の研究で明らかになってきている（進藤榮一『分割された領土　もうひとつの戦後史』岩波現代文庫、二〇〇二年）。

一九四七年九月に宮内庁から米国側に伝えられた報告電文で、昭和天皇が進んで沖縄を米国に差し出すという内容であった（宮内庁御用掛・寺崎英成の天皇メッセージ）。これは天皇侍従長を務めた入江相政の日記でも、昭和天皇実録でも確認されている。そして翌四八年二月には二度目の天皇メッセージを届けている。そこでは、南朝鮮、日本、琉球、フィリピン、それに可能なら台湾を含めて反共防衛線をつくるべきだと提言している。

こうした考え方がいまなお、日本政府の対米方針に強く影響していることが、「第三の琉球処分」ともいわれるような、米国側の要求に従い「辺野古が唯一」として辺野古新基地建設を進める日本政府の対米追随姿勢に現れているといえるだろう。まさに、沖縄が復帰した後も米軍基地が残り、逆に強化されている沖縄の過酷な現実を招いている原点であり、いまなお「沖縄は戦後ではなく戦中だ」とされるゆえんでもある。

これに加え、日米安保条約が米軍の駐留を無制約に可能にしている。さらに第六条に記載された「合衆国軍隊の地位」については、日米地位協定が結ばれ、軍属の扱いについて各種規定が決められる。その中の基地使用の根拠たる部分が第二条に記載されている。

安保条約第六条「日本国の安全に寄与し、並びに極東における国際の平和及び安全の維持に寄与するため、アメリカ合衆国は、その陸軍、空軍及び海軍が日本国において施設及び区域を使用することを許される。前記の施設及び区域の使用並びに日本国における合衆国軍隊の地位は、一九五二年二月二八日に東京で署名された日本国とアメリカ合衆国との間の安全保障条約第三条に基く行政協定（改正を含む。）に代わる別個の協定及び合意される他の取極により規律される。」

地位協定第二条「一（a）合衆国は、相互協力及び安全保障条約第六条の規定に基づき、日本国内の施設及び区域の使用を許される。個個の施設及び区域に関する協定は、第二五条に定める合同委員会を通じて両政府が締結しなければならない。「施設及び区域」には、当該施設及び区域の運営に必要な現存の設備、備品及び定着物を含む。

（b）合衆国が日本国とアメリカ合衆国との間の安全保障条約第三条に基く行政協定の終了の時に使用している施設及び区域は、両政府が（a）の規定に従って合意した施設及び区域とみなす。

二　日本国政府及び合衆国政府は、いずれか一方の要請があるときは、前記の取極を再検討しなければならず、また、前記の施設及び区域を日本国に返還すべきこと又は新たに施設及び区域を提供することを合意することができる。」

沖縄県内の日常的な生活——人々の自由や権利の守られ方が、あまりに本土の日常とかけ離れているのは、この地位協定に由来することが多い。もちろん、沖縄だけではなく同様の問題は日本中で等しく生じており、米軍が管制する横田空域のために羽田空港の離発着が極めて不自然で危険な飛行ルートを強いられたりしているわけである。ただし、基地の密集度の違いから、よりその影響が大きく沖縄県内で生じているということである。

その生じる理由は、大きく五つあるとされる（前泊博盛編著『本当は憲法より大切な「日米地位協定入門」』［創元社、二〇一三年］など参照）。一つは、協定自体の不備、意図的な杜撰さである。二つは、恣意的な運用である。思いやり予算による基地の維持・管理・運営費用の負担はその典型である。三つは、免法特権とでも呼ぶものだ。入国管理法を免除された米兵は出入国自由で、しかも米軍基地経由で、日本国内を入国管理なしに自由に往来できる。

そして四つは、治外法権だ。潜水艦の領海内浮上揚旗義務も無視をするし、裁判で支払いを求められた損害賠償を支払うこともない。その結果、たとえば米兵に対して損害賠償が認められても、その補償金は実質、日本政府が支払っているとされている。最後の五つは、先に挙げた合同委員会で次々に定める密約だ。条文にないことを恣意的に追加規定しており、正式な政府間交渉で条約を制定した意味が失われている。

本来ならこうした関係は、一九七二年の沖縄返還協定（琉球諸島及び大東諸島に関する日本国とアメリカ合衆国との間の協定：Agreement between Japan and the United States of America Concerning the Ryukyu Islands and the Daito Islands）によって、いったん清算されるか、少なくとも抜本的な見直しがされるべきであったが、現実は違った。むしろ、戦後の取り決めを固定化し、強化すらを容認するものであったといえるだろう。具体的には、日米安保条約、日米地位協定の継承が確認されたわけだ。そのことについて言及している条文が以下の通りである。

返還協定第二条「日本国とアメリカ合衆国との間に締結された条約及びその他の協定（一九六〇年一月十九日にワシントンで署名された日本国とアメリカ合衆国との間の相互協力及び安全保障条約及びこれに関連する取極並びに一九五三年四月二日に東京で署名された日本国とアメリカ合衆国との間の友好通商航海条約を含むが、これらに限られない。）は、この協定の効力発生の日から琉球諸島及び大東諸島に適用されることが確認される。」

返還協定第三条「一　日本国は、一九六〇年一月十九日にワシントンで署名された日本国とアメリカ合衆国との間の相互協力及び安全保障条約及びこれに関連する取極に従い、この協定の効力発生の日に、アメリカ合衆国に対し琉球諸島及び大東諸島における施設及び区域の使用を許す。

二　アメリカ合衆国が一の規定に従ってこの協定の効力発生の日に使用を許される施設及び区域につき、一九六〇年一月十九日に署名された日本国とアメリカ合衆国との間の相互協力及び安全保障条約第六条に基づく施設及び区域並びに日本国における合衆国軍隊の地位に関する協定第四条の規定を適用するにあたり、同条一の「それらが合衆国軍隊に提供された時の状態」とは、当該施設及び区域が合衆国軍隊によって最初に使用されることとなった時の状態をいい、また、同条二の「改良」には、この協定の効力発生の日前に加えられた改良を含むことが了解される。」

これらの条文が、今日の米軍基地の運用に関し、新基地の建設も含め、日本政府が米国政府の決定・意向に従属的な状況を生んでいるといえる。しかもこれらの規定の見直しは「しない」ことに固執するのが現政権である。実際、同じ敗戦国であるドイツ、イタリアのいずれもが権限の変更を行ってきている。これに対して日本は、わずかに軍属の解釈等を変更するなどにとどめ（それ自体が相変わらずあいまいな文言である）、条文自体を変更することにつき交渉のテーブルにすらつこうとしないとされている。

その結果、米軍の起こした事件・事故においては、日本の司法権・警察権が大幅に制約されており、日本にあって日本ではない状況が日常化している。たとえば、沖縄国際大学への米軍ヘリ墜落事故においては、大学は米軍海兵隊によって封鎖され、住民はもとより、大学教職員、地元の警察・消防も、全面的に大学への立ち入りを禁止された。

3　基地をめぐる運動体

メディアの論調を図る一つが辺野古新基地建設を巡る記事だ。そこでここでは、この米軍基地をめぐってどのような立場の組織・団体があるのかをおさらいしておこう。

†基地建設反対派

いわゆる米軍基地反対の活動を行う一群がある。具体的な行動のかたちとしては、辺野古の新基地建設現場付近（大浦《おおうら》湾周辺）や高江のヘリパッド工事現場付近、あるいはキャンプ・シュワブや普天間基地などで、座り込みほかの直接行動を行う団体・人々である。より具体的には、キャンプシュワブ・ゲート前や東《ひがし》村高江での座り込み、辺野古漁港のテント村、キャンプ・シュワブ海上でのカヌー隊や抗議船による抗議活動がある。

この中心の一つが「沖縄平和運動センター」で、逮捕・長期勾留が問題となった山城博治《やましろひろじ》議長が活動の核だ。また、県民大会等の開催などを金銭面等から支えているのが「辺野古基金」である。これらは、普天間飛行場の辺野古新基地建設に反対している首長（翁長県知事、稲嶺進《いなみねすすむ》・名護市長＝当時）を側面援助してきた。関連して、選挙後援会的な意味合いが強いのが「オール沖縄会議」だ。

①沖縄平和運動センター

反戦・平和を旗印とする運動体で、一九九三年二月に護憲反安保県民会議と沖縄県原水協を統合する形で設立された。「反基地・反安保・反自衛隊闘争や反核・原水禁、被爆者救援の運動等の輝かしい実績と自信・誇りを平和センターに再結集し、新しい平和運動の潮流の中で継承発展させていかなければなりません」と謳っている（同センター設立趣意書から）。

代表は、元沖縄県庁職員で沖縄の平和運動の象徴的な存在といわれる山城博治議長で、事務局は那覇市内の官公労共済会館内に置く。幹事及び支援団体には、自治労（全日本自治団体労働組合沖縄県本部）、国公労（沖縄国家公務員労働組合）、沖教組（沖縄県教職員組合）、高等学校教職員組合（沖縄県高等学校・障害児学校教職員組合）などの官公労系の労働組合や、沖縄社会大衆党、社会民主党沖縄県連合などの政党が支える構図がある。その意味では、旧来型の労働運動・市民運動の形態をとる運動団体といえる。

二〇一七年段階で二三団体で、沖縄県下の新聞・放送などのメディア企業組合の連絡会であるマスコミ労協（沖縄県マスコミ労働組合協議会）も構成団体として参加している。

運動の中心として辺野古新基地建設反対があり、現場での陣頭指揮を執る中で、取締り側は運動のリーダーである山城議長をターゲットにしている節があり、警察との間でのトラブルが耳目を集めている。最初は二〇一五年二月二二日、キャンプ・シュワブ前で抗議中に、山城議長らが米軍基地の敷地を示す黄色のラインを越えたとして、日米地位協定違反として米軍に一時拘束され、名護署へ引き渡された。

この際には、米軍敷地内の監視カメラの映像が米軍関係者から反・反基地運動側に提供され、公開された。その映像から、基地内に入った事実は明らかとしてネット上では批判の対象になったが、運動を押しとどめようとする山城議長がその一連の行為の中でラインを踏み越えたところを狙って、米軍警備員が無理やり基地内部に引き摺りこむ様子が映し出されている。

さらには二〇一五年十二月、キャンプ・シュワブの敷地内に正当な理由なく侵入したとして、刑事特別法違反の疑いで逮捕、翌一六年十月十七日には、米軍北部訓練場（東村、国頭村《くにがみ》）内に侵入し、有刺鉄線を許可なく切断したとして器物損壊の現行犯で逮捕、そして同年十月二十日、沖縄防衛局職員にけがを負わせた疑いで、公務執行妨害と傷害の容疑で再逮捕された。さらには翌十一月二九日、既に逮捕、拘留されている山城議長を再逮捕

高江のヘリパッド建設現場で沖縄県警と対峙する山城議長（中央右）。筆者の知る限り、同議長は抗議活動の現場で、常に冷静に全体を統率していた。

したうえ、平和運動センターを家宅捜索した。
一連の逮捕は、おおよそ反対運動を鎮静化させることが求められている時期と一致しているように見受けられる。とりわけ十一月の逮捕・捜索は、東村高江の米軍北部訓練場のヘリパッド工事のヤマ場でもあり、辺野古でも陸上部の隊舎工事を再開する時期であったことから、反対する県民の抗議行動を委縮させる狙いがあったとの見方が強い。

逮捕容疑が半年以上前の一月二八日のキャンプ・シュワブのゲート前の抗議行動についてのものであり、またその勾留が五カ月に及ぶ異例の長期にわたったことから、国際条約違反であるとの非難が寄せられ国際問題にも発展した（最高裁は二〇一七年二月、勾留継続は憲法に違反しないとして保釈を求める特別抗告を棄却）。

本件裁判は、二〇一八年三月十四日に那覇地裁で「単なる表現活動にとどまらず、憲法で保障される表現の自由の範囲を逸脱している」として、執行猶予つきの有罪判決が下された（一八年八月現在、控訴審である福岡高裁那覇支部で係争中。山城議長以外の逮捕者についても起訴され、いずれも有罪判決が下されている）。

②オール沖縄会議

正式名称は「辺野古新基地を造らせないオール沖縄会議」で、二〇一五年十二月に発足した、辺野古新基地に反対する運動を統括する組織である。この間、「オール沖縄」という用語は、米軍基地に対峙する運動体のいわば合言葉として存在してきた。

普天間基地へのオスプレイ強制配備を撤回させるため、沖縄県下の全市町村が賛同して政府に建白書を提出したことを受け、保革を超えた「オール沖縄」という言い方が広がり、二〇一二年に宜野湾海浜公園で開催されたオスプレイ配備に反対する沖縄県民大会において、県内すべての市町村が賛同したことから、一気に市民権を持つに至ったといえるだろう。

そして、いわば政治運動体としての「オール沖縄」が最も大きな力を発揮したのが、二〇一四年沖縄県知事選挙であった。当時、自民党に属していた翁長雄志を支援する枠組みとして具体化し、共産党から自民党までの支持を取りまとめて県知事選に勝利したことから、辺野古新基地建設に沖縄が一致団結して反対する、という姿勢の象徴としても使用されるに至っている。

その後、沖縄県のあらゆる選挙において選挙協力・候補者調整・統一候補擁立の一つの柱として活動している。主要な支援団体として、金秀《かねひで》グループ、かりゆしグループ（平良朝敬・前CEO）、オキハム（沖縄ハム総合食品株式会社、長濱徳松・会長）があったが、金秀とかりゆしは二〇一八年に入り、相次いで離脱した。沖縄経済界の重鎮でもある呉屋守將《ごやもりまさ》・金秀グループ会長は、二〇一八年名護市長選後に、敗北の責任をとるとともに、県民投票についての見解の相違や同会議が革新色が強くなっていることへの不満を示していたとされる（二〇一八年県知事選では、オール沖縄が推す玉城《たまき》デニー候補を支持した）。

同会議現地闘争部は、米軍キャンプ・シュワブのゲート前での抗議活動も行っている。なお、同会議はウェブサイト上で、「正しい情報を手に入れよう！」として、沖縄米軍基地の実情、米軍基地による人権侵害の状況などを訴えている（http://all-okinawa.jp/know_the_truth/）。

この団体とは関係はないものの精神的な系譜を感じさせるのが、一九五六年のプライス勧告に示された軍用地問題に端を発した「島ぐるみ闘争」だ。米国民政府時代の土地の強制接収に反対する住民の激しい抵抗運動（闘争）は、その後、祖国復帰運動に拡大していく。これらのまさに、党派的な主義主張を超えた県民の思いがまとまった運動（体）の伝統が、歴史的に引き継がれてきているということになるだろう。

③辺野古基金

二〇一五年五月、「沖縄の声を国内外に発信すると同時に、日本国内の新聞をはじめ米国紙への意見広告、県内移設を断念させる運動（活動）の前進を図るために物心両面からの支援を行い、沖縄の未来を拓くことを目的」として設立された。二〇一八年現在で寄付金の総額は六億五千万円強、広報費を含めた支援額も五億円近くにのぼる。

代表は、呉屋守將・金秀グループ会長で「これまでオール沖縄だった闘いが、オールジャパンの闘いに変化してきた」「よい国づくりとは何か、地方の辺野古から民主主義とは何かを問い直し、主権在民を確認したい」と、抱負を述べている。事務局も金秀ビル内に置く。アニメ映画監督の宮崎駿や、報道写真家の石川文洋らが共同代表に就任した。

④ヘリ基地反対協議会

正式名称は「海上ヘリ基地建設反対・平和と名護市政民主化を求める協議会」。ヘリ基地建設反対運動、環境現況調査への抗議活動とともに、辺野古海岸での座り込み（通称

「辺野古テント」）を行ってきている。ここにいうヘリ基地とは、辺野古新基地のことで、九六年四月の普天間基地飛行場の移設条件付き返還合意が、今日に続く辺野古をめぐる運動の端緒だ。同年のSACO最終報告で「沖縄本島東海岸沖」代替基地移設が明記され、〇四年の那覇防衛施設局の辺野古ボーリング調査に対する反対運動から始まった。

一回目のピークは、翌〇五年のボーリング調査のやぐら撤去であった。〇七年の那覇防衛施設局の環境現況調査が始まり、今日に至る十年にわたる「阻止」行動が続いている。一四年七月からは、キャンプシュワブ・ゲート前での直接座り込みも始まった。現在行っている直接行動は、同会ウェブサイトによると、「海上における阻止行動、海上における監視・激励行動、テント村での座り込み行動（座り込みテント村とゲート前座り込み）」の三つである。

⑤沖縄県

翁長県政以降、辺野古問題については明確に「作らせない」を公約とし、知事公室辺野古新基地建設問題対策課を置いて、訪米、法廷闘争をはじめ、具体的な行動を実行してきている（沖縄県サイトhttp://www.pref.okinawa.jp/site/chijiko/henoko/index.html）。キャンプシュワブ・ゲート前の県民集会にも、県知事が自ら登壇し、スピーチを行った。県サイトでは、「沖縄から伝えたい。米軍基地の話。Q&A　Book」（写真）などを無料配布している。

†新基地建設反対派へのカウンター

一般的に、基地周辺には反対派、賛成派、容認派といった人々が存在するが、近年、大きくクローズアップされることになったのが、「新基地建設反対派のカウンター」とされる一群である。インターネット上や地域コミュニティ放送等で主張を広め、いわゆるネット世論と呼応する形で、運動を拡張してきているといえるだろう。大手メディア（たとえば朝日新聞二〇一四年五月十一日付朝刊「反『反基地』沖縄で表面化／街宣・大会『左傾化を戻している』」）が彼らを大きく扱うことで、こうした運動が一般化しているとのイメージも広がり、実際の規模に比してより大きな存在であるかのように宣伝されている側面も否定できない。

一見すると基地賛成・容認派に見えるが、実際は基地建設反対派に対する反対派（カウンター）という位置付けだ。したがって、見た目としてはいわゆる平和運動家と呼ばれる人々と対を成す存在であるが、思想的にアンチ平和主義ということとは限らないようにも思える側面があり、単純に基地建設反対派に対抗しているグループと考える方が分かりやすい。なお、彼ら自身は「反・反基地」ではなく「親・基地」であるという言い方を、メディア等でしている。

したがって、後述するフェンスクリーンと呼ばれるゲート近辺での清掃活動や、ハートクリーンと呼ばれるゲート前での挨拶運動は、日常的に反対派との小競り合いに発展してきている。例えば反対運動の模様をカメラに収め、動画サイトにアップロードするなど、両者の誹謗中傷合戦に発展している状況が見受けられる。

そしてもう一つのターゲットが、沖縄地元メディアとりわけ地元紙二紙で、「琉球新報、沖縄タイムスを正す県民・国民の会」を組織し、沖縄の地元メディアは偏向報道であると主張している。また、沖縄の平和教育が県民を歪めてきたと主張する。いわば、教育とメディアに対する偏向批判である。

フェンスクリーンやハートクリーンの代表であり、現在は「日本のこころ参議院第四支部長」を名乗る〝ボギーてどこん〟こと手登根安則《てどこんやすのり》は、沖縄教育オンブズマン協会の代表も務め、辺野古の基地反対テント村を授業で訪れた公立中学校に対し、「政治運動に加担する偏向教育ではないか」といった申し入れを行っている。

また様々な場で手登根は、「行政や沖縄メディアが、アメリカ人出ていけという空気を作ってきました」と訴えている。そこでよく紹介される話の要旨は、「アメリカ人お断りの飲食店が出てきた。アメリカ人には車を売らないという中古車屋まで出てきた。朝起きると車のフロントガラスに「NO OSPREY」のチラシが糊でべったり貼られている。ドアを開けると自分の家の壁にスプレーでアメリカは帰れと書かれている」というものだ。

さらに彼は、「なんといっても許せなかったのは、学校でこのようなことを子どもたちに教える教師がいたこと。オスプレイは欠陥機だ、基地は沖縄から出て行ってもらわなければならない、アメリカ人は出ていけとハーフの子供の前でそういうことを言った。その女の子は家に帰って普天間基地の整備士の父親に話をした。その父親は、オスプレイを沖縄に落とすようなことは絶対にしないと話した。彼女が学校でこのことを話すと、男子に前髪を切られた」と、県内の反基地の雰囲気を糾弾してきた。

①フェンスクリーンプロジェクト(FCP)

二〇一三年ころから、普天間飛行場の野嵩《のだけ》ゲートやキャンプ・シュワブのフェンスに張られたポスターや抗議メッセージを取り除く活動をしている(これをもって「フェンスクリーン」)。これらの掲示物を基地フェンスに貼ることの違法性を訴え、街の清掃活動として取り組んでおり、米軍関係者が呼応して共同行動をとっているのが特徴である（ロバート・D・エルドリッヂ『オキナワ論——在沖縄海兵隊元幹部の告白』［新潮新書］、同『だれが沖縄を殺すのか——県民こそが〝かわいそう〟な奇妙な構造』［PHP新書］など参照）。

リーダーである手登根は、「自称平和を標榜する方々によって、赤く染め上げられた基地のフェンスを清掃し、もとの風景を取り戻していくボランティア活動の記録です」(http://fencecleanproject.blog.fc2.com/) と自らを紹介する（一三年六月で更新は止まっている）。さらに、「当時（二〇一二年八月、普天間飛行場にMV－22が配備される頃）オスプレイに反対する、普天間基地の県外移設を言わないと沖縄県民ではない……オスプレイに反対、基地に反対しないと何て言われたか。ぼくらは非国民と言われたんです」と基地反対派の理不尽さを訴える。

②ハートクリーンプロジェクト（HCP）

普天間飛行場の大山ゲート前で行われている朝の挨拶運動をさす。大山ゲート前では基地反対派が連日抗議活動を行っており、その文言が米軍に対するヘイトスピーチであると彼らは主張している。汚い言葉で傷ついた米軍の心を癒し、沖縄を守ってくれてありがとう、という感謝の気持ちを伝える活動である、とされる。フェンスクリーンプロジェクトから派生して生まれており、両活動のメンバーは重複している。

③沖縄オスプレイファンクラブ

普天間飛行場へのオスプレイ配備に伴い二〇一二年に設立され、オスプレイの機能や任務を支援支持するファンページから始まった。このメンバーも重複している。現在の代表は、宮城美香子。オスプレイファンクラブのフェイスブックには以下の記載がある。「沖縄のメディアは、まだ一人の日本人のけが人も出ていないにもかかわらず、オスプレイ恐怖症を煽り、配備反対一色の洗脳報道をしています。中国の脅威とオスプレイ配備の重要性を理解している県民は言論の場がありません。この言論弾圧を解消するため、当face-bookページを開設いたしました。」（原文ママ、現在は削除されて閲覧できない）。

FCPが“清掃”の対象とする普天間基地のフェンス

米軍側も、こうした活動に対し積極的に関与している。海兵隊の隊員や米軍属がメンバーとして参加しているが、米軍内では隊員が参加することを「ボランティア活動」「地元市民との交流」として奨励している。

二〇一三年には一周年を記念して、当時の第三海兵遠征軍司令官・沖縄地域調整官であるジョン・E・ウィスラー中将が祝辞を寄せた。また翌一四年には、県内海兵隊基地を回るツアーを企画しメンバーを招待したり、オスプレイの試乗を行っている。民間人がオスプレイに乗ることは極めて稀であり、米軍の気の遣いようがよくわかる事例だ。

④メディア発信

現在の沖縄メディア（とりわけ地元二紙）の報道に批判的なことから、コミュニティラジオやインターネットを中心に独自のチャンネルで情報発信を行っている。

一つは、「わんぬうむい」で、浦添市のコミュニティFMラジオ放送局「FM21」内での週一回一時間番組である。「わんぬうむい」とは沖縄の方言で私の想いという意味で、番組の副タイトルが「メディアでは伝えられない沖縄の真実」とあるように、「地元二紙では報じられない沖縄の現状」を生放送で伝えることを売りにしている。前述のフェンスクリーン、ハートクリーンのメンバーがパーソナリティを務める（両団体の提供番組である）。

もう一つは、県内のコミュニティFM放送局五局で放送されてきた番組「沖縄防衛情報局」だ。放送局は沖縄ラジオが運営するオキラジ（沖縄市）、ぎのわんシティＦＭ（宜野湾市）、ＦＭもとぶ（本部町）、ＦＭレキオ（那覇市）、ＦＭ21（浦添市）がある。「琉球新報・沖縄タイムスを正す県民・国民の会」代表の我那覇《がなは》真子《まさこ》や我那覇隆裕《たかひろ》らが出演し、各局で週一回一時間の枠を買い取って放送している。

なお、一七年には放送局から出演者に対し事実に基づかない発言や差別的発言をしないよう伝えられ、出演者から各局に対し「放送倫理にのっとった放送をする」との返答があったとされている。しかし一八年六月に、ＦＭもとぶ、ＦＭレキオ、ＦＭ21の三局（資本関係にある）は、番組審議会からの答申を受ける形で同番組を打ち切ったと伝えられている。これに対し、一八年開設のチャンネル桜の「我那覇真子のおおきなわ」等で、言論弾圧であると強く批判している。

先にも触れた日本文化チャンネル桜沖縄支局の帯番組である「沖縄の声」も、発言の場だ。沖縄の時事問題に特化した番組を配信しており、ここでもフェンスクリーンやハートクリーンのメンバーである、手登根や我那覇がメインキャスターを務めている。なお、海兵隊幹部や広報官のゲスト出演も頻繁にあるなど、米軍との結びつきも強い。

ここでの大きなポイントは、「反・反基地」の側は基地建設に反対する人々を、「過激で危ない人たち、危険な思想の持ち主」とのイメージ作りをしている点だ。こうした流れは、後述するように地上波テレビ番組などの大手メディアで、基地建設に反対する人たちを「テロリスト」と名指しするなど、ネット言説がリアルメディアで承認される形をとり、より固定・拡散傾向にある。

実際、ネット上で拡散された、「過激派」と称され「プロ市民」に主導される反対運動というイメージは、筆者の周辺の大学生間にも広く浸透している。いわばそれは、「思想的に偏った、ちょっと行っちゃってる〈アッチ系〉の人々」であって、友達にはなりたくないし、ましてや一緒に反対の声を上げるなど、もってのほかということになる。

少なくとも「プロ市民」なる言葉の語義は、「一般市民を装い市民活動と称しているが、実質的には営利目的もしくは他の目的を持つ政治活動家」であって、それからすると、旧来型のセクト系のいわゆる過激派集団の一部にあてはまるであろう。そして実際、反対運動の中には、これらの「活動家」が存在することも否定しない。実際、彼らの機関紙等で「活動報告」等がなされているからである。しかし、現在の抗議活動を実質的に取りまとめている団体は、労働組合系であるなど「旧来型」の運動体ではあるが、過激派でもプロ市民でも、ましてやテロリストでもない。

さらには、大多数の抗議活動に参加する人々は、一般の市民そのものである。もちろん、そこには県内外から多くの支援者が集まっているし、相対的に現地住民の数が限られているのは当然だ。現実的にも、生活を維持する必要がある住民にとって、例えば「座り込み」に常時参加することは時間的物理的に限界がある。

こうした事情をすべて棄捨し、針小棒大に全員を過激派扱いしたり、現地住民が少ないことをことさら過大視したり、見た目ですべての人を同一視、しかも「怪しい人」「危険な人」扱いをしていることを、これまでの多くの本土メディアは否定できないのではないか。あるいは、こうしたイメージを積極的に否定しないことで、イメージの拡散を黙認してきている側面が、新聞やテレビといったマスメディアには存在するということだ。それはまた、抗議活動をする人々を「ごく一部の限られた人」とし、基地問題を沖縄に封じ込めることに繋がっているということになるだろう。

沖縄県知事選挙ポスター掲示場
那覇市選挙管理委員会
TEL 098（951）3215
注意
一 ポスターは、指定された番号の区画に貼ってください。
二 この掲示場は、沖縄県知事選挙の候補者以外の方は使用できません。
三 ポスター掲示場を壊したり、ポスターを破ったりすると法律により罰せられます。
5
オナガ 雄志
誇りある豊かさを！
21世紀ビジョン 真の理念を実行
下地ミキオ
県民の投票 沖縄再起動
6
流れをとめるな！
沖縄21世紀ビジョン！
なかいま弘多
承認取り消し！
喜納昌吉

第三章

分断

1　対立の構図

†日本の縮図

沖縄は日本の縮図だ。政治・社会状況、とりわけメディア状況において当てはまるその姿は、「中央（本土）」対「沖縄」の対立の構図であるといえる。それを如実に表しているのが、政府（とりわけ安倍政権）と沖縄県の間の対立である。イシューとしては様々あり、米軍基地をめぐる事件事故・騒音への対応や、オスプレイ運用などが挙げられるが、なかでも辺野古はもっとも典型的な事例である。

とりわけ二〇一四年以降、辺野古移設が唯一の選択肢と言い切る政府と、辺野古新基地建設は絶対に許されないとする沖縄県の、真っ向から対立する政策そのものとして現れている。両者の対立はいわゆる法廷闘争として、幾たびかの司法や行政委員会の場で争われ、辺野古の現場では住民等の反対運動と警察・米軍の警備側との対立となって、日々現れている。

政府は、日米同盟をベースにした外交・防衛政策を堅持しており、そのためには沖縄を米軍のために最大限提供することを前提としている。いわば国家安全保障という国益のためには、地元における多少の犠牲はやむを得ないという立場だ。その結果、国土面積の一%にも満たない沖縄県（約〇・六%）に、日本の米軍専用施設面積の七割（七〇・六%）が集中するという偏在を生み出している。また、沖縄県本島の面積のうち一五%を基地が占めるという現実があるわけだ。その規模は、東京二三区のうち一三区に匹敵する広大な面積だ。

ちなみに、沖縄と本土間の基地偏在状況は初めから固定化されたものではないことはよく知られている。戦後すぐの一九五六年当時は、九割近い米軍基地は本土に存在し、沖縄は一割強の比率に過ぎなかった。それが六〇年前後には七：三と徐々に本土の割合が減少していく。その理由は、米軍基地周辺住民による基地反対運動が強まったからであるとされる。そして返還後には、逆に七割近い基地が沖縄に整備される状況を生む。その後は一貫して、七割を超える基地が沖縄に集中する状況が続いている。

そしてその代替措置として、沖縄振興予算に代表されるような金銭による解決が常套手段になってきた。同時に、こうした経済的補塡は経済的に恵まれない地域にとって、むしろ地元経済基盤を保証するものとして最善の方策であると考えられてきた。また基地の存在自身が地元の経済に大きな貢献があると考えられてきた。基地従業員としての雇用、基地（軍用地）借地料収入などがそれに当たる。

同じ構図は、例えばエネルギー政策においても取られ続けており、国策としての原子力の平和利用として進める原子力発電事業は、国内の過疎地に集中しており、原発事業は地元自治体の財政を潤し、また同時に雇用を生み出し地元経済を一定程度、下支えする役割を果たしてきた側面もあるだろう。

†押しつけ

しかし、沖縄と原発立地県では大きく異なる点がある。まずは意思決定に関する住民意思の関与である。その最も重要な点は、基地は沖縄県民が積極的に受け入れたものではないという点だ。あくまでも、沖縄が占領され、県民が収容所に隔離されているうちに、まさに占領軍により接収され強制的に基地としての使用が始まり、しかもそれが日本復帰後においても、日米安保条約やそれに伴う日米地位協定によって、基地の無償提供義務を負う日本が、米国に提供し続けているに過ぎないという点である。

それに比して原発の場合は、少なくとも手続き的には、住民の代表による地元自治体の議会の承認を得て、また建設に際しては地元住民の公聴会等のアセスメント手続きを経るなど、民主的に決定し、それに従って事業が展開されてきた経緯を辿る。バックに国策による強い政治圧力が存在していたとしても、強制的に土地が接収され、発電所が建設されるということではない点は、大きな違いであるといえるだろう。

さらには、いわば償い金としての地域振興予算にしても、原発事業の場合は、まさに「いま」または「これから」の迷惑事業に対する支払いであるのに対し、沖縄の場合はそういった側面があることは否定し得ないものの、むしろ一九五二年の本土における主権回復から、一九七二年までの二〇年分のいわば「あと払い」であるということだ。米軍占領下にあった沖縄が、そのために社会インフラの整備が遅れていたことに対する国としての財政援助は、現在ある基地に対する迷惑料そのものではないという側面を忘れがちだ。

さらには、今日「沖縄神話」と呼ばれるものの一つに、基地経済が沖縄を支えているというものがあるが、そういった事実はない。確かに、戦後すぐには、地上戦においてすべての社会インフラが壊滅的な状況を受け、なおかつ政府の援助がない中で、基地収入が沖縄経済(県民総所得)の三割を占めていた時期があった。しかし復帰直後にはすでに半減、今日において基地収入の比率は一割どころか僅かに五%程度である。しかも返還後の民間利用の方が、遥かに多くの雇用を生み、経済効果があることが、数々の経済指標で証明されている。すでに基地は儲からないのである。

このように、沖縄における基地は「押しつけ」られたものであるのに対し、原発は「誘致したもの」であるということだ。ただし、今回の辺野古新基地は、まがりなりにも政府による環境調査を実施し、漁業権について補償金を支払うなどしている点で、まさに米軍ではなく中央政府による国策の遂行によって、「合法的」に新しい基地が沖縄で初めて建設されるということになる。

しかしながら根底にある、自決権を踏みにじられたといった意識が、歴史的な系譜を背負っていて、ことあるごとにマグマのように吹き上がってくることも理解する必要がある。沖縄に根付く「棄民」あるいは「差別」感である。古く「琉球処分」まで遡ることはしなくとも、第二次大戦において、沖縄は〈本土〉を守るための「捨て石」とされ、日本における唯一の地上戦がおこなわれ、民間人に数多くの犠牲者が出た歴史があるということだ。

沖縄戦での全戦没者（軍人・軍属・民間人合計）二〇万人のうち県民の犠牲者が一二万人以上とされている。しかもその犠牲の少なくとも六割以上は、日本軍が組織的な戦闘を放棄した首里陥落後、単なる時間稼ぎ、しかも戦術も戦略もない、全く無防備で無意味な地上戦を継続したことによって、生じたものであった。鉄の暴風雨と称されるような悲惨な戦場を着の身着のまま逃げ惑い、そして命を落とすことになった多くの住民が、まさに厳然と存在した。

さらにはその戦闘の過程で、沖縄県民はスパイと疑われて日本兵に殺されたばかりか、自らの命を守りたい日本兵のために、住民が避難壕から火の海に追い出されたり、事実上の軍命によって集団死を選択させられたりもした。客観的事実として、沖縄及び沖縄県民は、日本及び日本軍の犠牲を強いられたということに他ならない（もちろん、疑心暗鬼の中で、島民同士で〝仲間を売った〟りした例もなかったわけではないが、それも含めて地上戦の犠牲者である）。

†かえりみられない住民意思

戦争が終結した後もその悲劇は続く。日本が〝主権〟を回復した後も、引き続き、沖縄は米国の占領地として日本からは切り離されることになった。その意味するところは、沖縄県民は日本国民ではないし、沖縄には日本の憲法ほか法律の適用はないということだ。その結果、現在の沖縄の地位を形成するのに大きな役割を果たしている日米安全保障条約の締結においても、沖縄県民は一切の意思を表明することはできなかった。そもそも、憲法自体の制定にも沖縄は関与していないということになる。

そしてこうした法律関係は、こと基地問題に関してより大きな影響を与えることになっている。日本国内（ここには当然、復帰前の沖縄は含まれていない）で巻き起こる基地反対闘争の結果、日本政府と米国政府は、米軍基地の継続的運用のために、本土の基地を縮小し、同等の機能を持つ基地を沖縄に建設するという選択を行った。それは、「反対運動がない」沖縄が好都合であったからだ。

しかしそれは「なかった」のではなく、「できなかった」のである。なぜなら、米軍占領が続いていた沖縄には、日本はおろか米国の憲法も適用されず、最低限の基本的人権も法的に保障されていなかった。同時に、住民の意思を反映させる機能が存在しなかったからだ。ここでもまた、沖縄は日本のための犠牲を強いられることになったわけだ。

その結果が、現在の基地の実態を生んでいるということである。まさに、銃剣とブルドーザーによって、強制的に接収された土地を、一方的に基地として利用され続けている状況があり、そうした実態を一番よく知っている日本政府自体が、それを見て見ぬ振りをして、さらなる「押しつけ」を沖縄に強いようとしている状況に、沖縄県あるいは県民が反発を示していると考えるのが妥当である。

現在の辺野古における基地建設を、沖縄県及び沖縄の多くの人たちは「新基地建設」と呼ぶ。これに対し、日本政府は「基地移設」と称し、あくまでも現在の普天間基地を移すものに過ぎないという立場だ。まさにこの言葉の使い方が最も象徴的であって、押しつけられる立場と、客観を装う表現によって押しつけと思わない立場を表している。あるいは意図的に、押しつけを回避しているともいえるだろう。

沖縄からすると、普天間基地の基地機能を遥かに上回り、しかも公海を大幅に埋め立てて建設する基地は「新基地」に他ならず、そうした基地建設は認められないという立場だからだ。それに対し政府は、県民も望む普天間基地の基地機能の停止のためには、米軍の希望に従い基地の県内移設を実現するほかに選択肢はなく、しかもその地は米軍が希望するキャンプ・シュワブをおいて他にはないという「唯一の選択肢」論だ。

これに対し地元メディアは、とりわけ翁長県知事誕生以降の、菅官房長官の会見姿勢や「粛々」発言に対し、「上から目線」であって、米軍統治下に「沖縄の自治は神話だ」と言った最高権力者キャラウェイ高等弁務官の姿に重なると、厳しく批判した（琉球新報二〇一五年四月六日付）。

この米軍施政下の状況は、二〇一七年に封切られた映画「米軍が最も怖れた男　その名は、カメジロー」のヒットにも通じている。映画の主人公である瀬長亀次郎・那覇市長、衆議院議員（当時）をはじめ、一九七二年以前の「当時」を知る世代が健在の沖縄では、瀬長は過去の歴史上の人物ではない。この映画の世界がまさに今日の状況そのものであるし、あるいは少なくとも当時の支配構造が直接的に続いている線上に「いま」があるからである。

一四年の沖縄知事選で、沖縄県内において事実上初めて、法手続きに則った正式な住民の意思表示として基地の建設を認めないということを決めたことに対し、日本政府はその意思を全く顧みることなく、基地建設を強行しているからである。

その結果、在沖縄の米軍基地の運用や辺野古に建設中の基地を巡り、政府と沖縄県の対立があり、それに伴い国論も二分している状況にある。ただしこの意見の対立は、単に基地建設をめぐる問題にとどまることなく、沖縄に関する報道をめぐっての「ヘイト」となって表れてきた。

†沖縄ニュースの作られ方

「沖縄報道」は以下に示す構図の中で作られている。

そこではごく大雑把にいえば、全国紙（主として東京で読まれる東京版）が報ずる沖縄、沖縄以外の県紙が報ずる沖縄、そして沖縄地元紙が報ずる沖縄の三種類がある。放送の場合も、ほぼ同じ構図であるが、少し違うのがＮＨＫの存在であるといえる。このうち、二つ目の全国各地の新聞は、多くの場合、共同通信や時事通信の通信社配信記事を利用して沖縄を報じている場合が多いため、それぞれの紙面作りの編集方針が見えづらい側面が否めない。そこで本書の比較検討から外し、主として地元紙と本土を代表しての在京紙の比較を試みることにする。実際の紙面比較は第五章で行う。

ここでは、その在京紙(この項では全国紙)の紙面の作られ方を確認しておこう。全国紙の場合、当然ながら、地元で発生した事件(例えば基地反対運動の様子)は、沖縄現地で記者が直接、取材することになる。しかしその記事は一般に、直接、東京に送られるのではなく、福岡にある九州本社(西部本社)で、西部版の紙面に掲載されるかどうかの判断を仰ぐことになる。そしてここでいくつかの関門を通ったものが紙面化されるわけであるが、その紙面化が決まった記事が東京本社に送稿され、改めて東京版の紙面になるかどうかが決まる仕組みだ。

そこでは一般的に、より現場である沖縄からの距離が遠い分だけ、紙面の熱は冷めることにならざるを得ない。一〇〇〇キロと一五〇〇キロの差ということだ。それは距離だけではなく、関門数が多くなることでそれだけ、記事が削ぎ落とされることもあるかもしれない。

そしてもう一つ、関門数が多いことで締め切り時間が早まるということがある。すなわち、通常の取材をして福岡の西部本社版に記事を書いて出稿をしても、上記のような過程を踏む関係上、東京版には間に合わず掲載が見送られるということもあり得ることになる。

こうした事情が重なり、結局のところ東京版の全国紙の記事は、いわば「見劣りする」

記事が掲載されることになりかねない。たとえば、二〇一五年五月十七日の辺野古新基地建設反対の県民集会を伝える朝日新聞の翌日朝刊の記事で比較してみる。上の西部版に比べ、大阪版や東京版の記事扱いが格段に小さくなっていることがわかる。同じことは他紙でも一般に当てはまる。次ページは読売新聞の西部版と東京版だ。

このように、現地の声から遠くなり小さくなる一方で、その分、大きくなる「声」が存在する。それがまさに東京ニュースであり、政府の言い分だ。しかも距離として至近であるだけでなく、量的にも膨大な東京発沖縄ニュースがある。

たとえば、辺野古新基地建設現場にいる在京紙や放送キー局（在京局）の記者やテレビクルーの数は、通常「ゼロ」だ。また、節目の時ですらせいぜい在京紙の地元支局の記者（といっても通常は支局長を含めて一〜二人であるが）がいる程度で、それに東京から特別に派遣した記者がつく程度であろう。

その一方で、政府発表あるいは国会議員に張り付いている記者の数は多く、そこから様々な声が社に集められることになる。あるいはそれに加えて、日本のジャーナリズムの特徴である「権威主義」が幅をきかせることになる。

いわば権威ある機関・組織・人物が発した言葉により重きを置く報道ということだ。権威ジャーナリズムとも呼びうる「寄らば大樹の陰」主義である。それからすると、当然、

辺野古NO 全国で共鳴

沖縄知事「ないがしろにしないで」

「若い世代、学ぶこと大切」

福岡で上映会、新宿で訴え

「辺野古に基地いらぬ」

3.5万人県民大会

上／朝日新聞2015年５月18日付＝西部版
右下／朝日新聞2015年５月18日付＝東京版
左下／朝日新聞2015年５月18日付＝大阪版

「辺野古反対」県民大会

右／読売新聞2015年５月18日付＝西部版
左／読売新聞2015年５月18日付＝東京版

沖縄〝地方〟政府より東京〝中央〟政府、県民の声より政府（官邸）の声が大きくなることは明白である。その結果、圧倒的に質量ともに重厚な東京発沖縄ニュースが紙面や番組を占めるということだ。

本来はこうしたニュースの濃淡を調整するのが経験豊かな「デスク」と呼ばれる記者やディレクターの仕事であった。しかし今、その力量や経験が不足しているのではないか、と思われる場合が多い。その原因は一般に、かつては沖縄取材の経験が何かしらあったり、沖縄返還交渉やそれ以前の占領下の沖縄についてのニュースを同時進行として経験している世代には、起きていることに対する理解がそれなりにあったからではないか、とされる。

後述する沖縄事件の在京紙と地元紙の報道ぶりを比較した場合、必ずしもこの見解に与するものではないが、こうした知識の差は、「いざ」という場合に差を生む可能性を否定できない。しかも最近の現場に多いのは、ベトナム戦争も沖縄返還も、教科書に掲載されていた歴史的事実として認識する世代だ。

彼ら現役世代にとって、沖縄とは基地のある風景であり、日米安保は日本の政治体制の揺るぎなき根幹であることを前提に、ニュースに接し、ニュースを生産していることになる。そこに、沖縄と本土という両者の「温度差」が生まれるのはむしろ当然であるとすらいえよう。さらにいうならば、より若い世代になれば、当然、新聞社・放送局に入る社員でも、インターネット上の「沖縄神話」を信じる者は増えることになろう。たとえば、一八年三月に話題になった琉球新報のコラムによれば、現在同紙の記者は学生時代「ネトウヨ（ネット右翼）」だったと、カミングアウトしている（琉球新報二〇一八年三月二五日付「記者ですが」［執筆・塚崎昇平記者］。その後、同社のウェブマガジン「琉球新報 Style」四月二日付で、同僚記者によるインタビュー記事が掲載された。https://ryukyushimpo.jp/style/article/entry-691863.html）

2 事実を歪めるメディアがもたらす沖縄の分断

†消極的加担と積極的煽動

沖縄県民が虐げられているとの認識を持たざるを得ないのには、大きく二種類のメディアを通じた言説がある。その一つは、辺野古新基地建設に反対する人々を「非国民」扱い、場合によっては「テロリスト」と断じるなどし、現在の沖縄における大多数の県民感情を逆撫でする行為だ。インターネット上では、日本政府の方針に反対するなら「日本から出ていけ」などの罵詈雑言が溢れるし、県内すべての首長による東京行動に際しては、銀座路上でまさに在日コリアンで大きな問題になったのと全く同様の罵倒が繰り返された。

こうした状況はさらにエスカレートし、高江の抗議集会においては大阪から派遣された機動隊員から差別発言が発せられたほか、さらにこれを大阪のテレビ局が事実上肯定するなど、沖縄へイトと称される状況がネットからリアルへと、どんどん顕在化する状況にある。その象徴的な「事件」が、後に詳述するMXテレビの「ニュース女子」における沖縄差別を肯定し、それを助長・固定化させる出演者の発言であろう。

こうした大手メディアにまで広がった、まさに沖縄差別の煽動は少なからぬ層で拍手喝采を受けるほか、さらに広く一般市民の間に受け入れられている現実がある。その大きな要因は、まさに政治家や有名識者自身が、こうした言動を繰り返すとともに、積極的に肯定してきているからだ。むしろ、市民社会の中でこうした動きに政治家等が乗じて拡散し、さらにこれに力を得てより大きな渦が出来上がっていくという負のスパイラルが出来上がっている。

具体的には、自民党勉強会における議員や有名作家による沖縄紙は潰した方がよい発言や、まったくの誤解に基づく沖縄への誹謗中傷発言だ（一五年六月の自民党文化芸術懇話会における発言。ゲストに招かれた百田尚樹はその後も、同様の発言を繰り返している）。ほかに、小池百合子（現東京都知事）も国会議員在職中に「潰せ」などの沖縄差別発言を行っている（たとえば、拙著『見張塔からずっと――政権とメディアの八年』［田畑書店、二〇一六年］参照）。

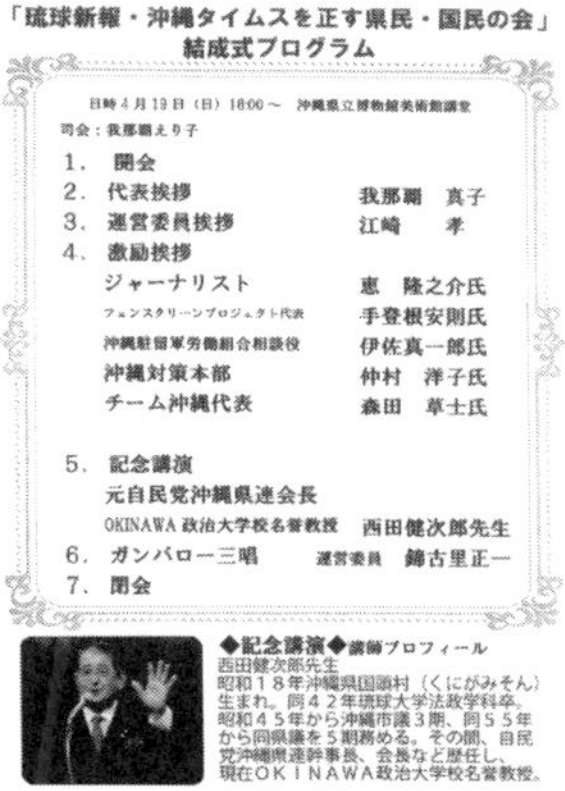
「琉球新報・沖縄タイムスを正す県民・国民の会」
結成式プログラム

日時4月19日（日）18:00〜　沖縄県立博物館美術館講堂
司会：我那覇えり子

1．開会
2．代表挨拶　我那覇　真子
3．運営委員挨拶　江崎　孝
4．激励挨拶
ジャーナリスト　恵　隆之介氏
フェンスクリーンプロジェクト代表　手登根安則氏
沖縄駐留軍労働組合相談役　伊佐真一郎氏
沖縄対策本部　仲村　洋子氏
チーム沖縄代表　森田　草士氏

5．記念講演
元自民党沖縄県連会長
OKINAWA政治大学校名誉教授　西田健次郎先生
6．ガンバロー三唱　運営委員　錦古里正一
7．閉会

◆記念講演◆講師プロフィール
西田健次郎先生
昭和18年沖縄県国頭村（くにがみそん）生まれ。同42年琉球大学法政学科卒。昭和45年から沖縄市議3期、同55年から同県議を5期務める。その間、自民党沖縄県連幹事長、会長など歴任し、現在OKINAWA政治大学校名誉教授。

また、より明確に攻撃ターゲットを絞った運動体としての「琉球新報、沖縄タイムスを正す県民・国民の会」の活動は、議員や有名人の後押しで積極的な広報を行っている（中山成彬・元文部科学大臣が名誉顧問を務める。中田宏・元横浜市長が応援メッセージを送るほか、櫻井よしこも関連集会で講演している）。まさに、市民と政治家との間のキャッチボールの中で、ヘイトの機運は着実確実に拡散してきたし、いま現在も残念ながらその勢いは衰えていない。

そしてこの減退しないエネルギーを支えているのが、もう一つの要因であるメディアの消極的加担といえるだろう。いわば、積極的なヘイト言説を撒き散らすことはしないものの、客観的報道の体裁をとりつつ、現実的には静かに沖縄の姿勢を否定し、沖縄県民の切り捨てにつながる空気感を作っているメディアの報道である。たとえば、沖縄の苦労に理解を示しつつも、「どうしても嫌なら独立すればいい」などの突き放した言い方も、まさに切り捨てそのものの思想であるといえるだろう。

この消極的加担は、日本のジャーナリズムに巣食う大きな歴史的課題であるだけに、こと沖縄報道だけに限らない根が深い問題だ。ここでは、客観報道主義を報道倫理の高位に据え、その具体的な姿勢の表れとして不偏不党を掲げる日本のメディアの報道のあり方と、そうしたメディアが読者である住民の思いをどのように伝えようとしているかという側面から、少し掘り下げて考えてみよう。

†沖縄地元紙の「偏向」神話

沖縄に関する「誤解」(誤った認識)をさして、「神話」という言い方をされることがある。一般には、県民は基地で食っているので本心は米軍にいて欲しいと思っている、いまの基地があるところはかつて誰も住んでいなかった、米軍の犯罪数は県民の一般犯罪よりも少なく誇張されて伝わっている——などという内容だ。

これらが完全な誤りであることは、すでに客観データで示されている通りで、沖縄県が作成したパンフレット『沖縄から伝えたい。米軍基地の話。Q&A Book』(沖縄県ウェブサイト、二〇一七年六月更新)や、沖縄タイムスが編集した『これってホント!? 誤解だらけの沖縄基地』(高文研、二〇一七年三月)、琉球新報が編集した『これだけは知っておきたい沖縄フェイク(嘘)の見破り方』(高文研、二〇一七年十月)がある。また、一六年に発行された小冊子『それってどうなの? 沖縄の基地の話。』(沖縄米軍基地問題検証プロジェクト)は、関係者間で広く配布されている。

同じように沖縄メディアに対する「都市伝説」も存在する。沖縄の新聞は基地の問題ばかり書いているし、その内容は政府批判の言説ばかりで偏向している、というものだ。しかしこれもまた、明らかな誤りであって沖縄メディアを陥れるための意図的な嘘といって過言ではない（たとえば、『報道圧力』沖縄タイムス社、二〇一五年）。

なぜなら地方紙の場合、後述する通り、一般に六割から多い場合には七割以上が地ダネと言われる地元関連のニュースである。それはあまりに当たり前だが、読者のほとんどすべては地元住民であって、身近なニュースを掲載するのが常だからだ。しかも一般的に、住民の命や健康に関するニュースはその扱いが大きくなる。だからこそ、福島県の新聞は原発・放射線関連のニュースが今でも最も大きなニュース対象で、連日、紙面の大きなスペースを占めるわけだ。

そして福島の場合は、言わずもがな一一年以降こうした紙面傾向が続いているが、沖縄の場合は基地問題が戦後、切れ間なくずっと続いているということだ。それゆえに過去も現在も、基地関連のニュースが必然的に紙面の大きなスペースを占める結果となっている、ということになる。それからすると、例えば東京・大阪等で発行される全国紙や各地方の県紙といった「本土紙」と、沖縄地元紙である沖縄タイムスや琉球新報において、基地の扱う量が異なることはむしろ当たり前であることがわかる。

†東京で政治問題化されるとニュース

ただし元来は、他県の地方紙ならいざ知らず、全国紙にとって沖縄問題は全国問題であり、地元紙同様の扱いをするべきであるとの批判は当然にありうる。なぜなら、まさに日米安保条約、そのもとでの行政協定、そして米軍や基地のあり方は、沖縄県が解決できる問題ではなく国家が直接判断すべきものばかりであるからだ。しかもまた、いまは基地の偏在があることから沖縄固有の問題のようにとらえがちであるが、実は同じ問題は全国どこでも等しく起こりうる話なのである。

それからすると、全国紙が沖縄ローカルに問題を押し込め、そして極めて限定的な扱いに終始するのは、実は当該問題を自国の問題として理解していないことの表れであるといえるだろう。そうした中で、過去に比べ全国紙も沖縄問題を量的に多く扱うようにはなってきている。その経緯は後に詳述するが、〇七年九月の教科書検定問題における県内での大きな反発あたりからといえるだろう。

それはこうした反発が、ローカルの問題では収まらず、「中央」で「政治問題化」したからである。東京のメディアは、東京で政治問題化すると大きな扱いをする。従ってその後も、オスプレイ配備にしろ、そして高江や辺野古の米軍基地の問題にしろ、政治ニュースとして大きな扱いをすることになった。

しかしそうなると二つの問題が顕在化する。そのニュースの発信元は主として政治部であって、政府の言い分を伝える結果になるということだ。これまた日本のメディアの大きな特徴として、より大きな権威の発表情報に強く依拠して報道をしてきた歴史がある。民より官、地方より中央なのであって、その結果、例えば基地問題でどんなに民間機関が別の選択肢を示しても取り上げないし、沖縄が疑義を挟んでも、あくまでも正しい政府に異議を申し立てる沖縄という構図から抜け出せないことになる。

そこでは、中央政府と地方政府は平等な関係にあるという憲法や地方自治の精神は理解されておらず、あくまでも官邸をはじめとする中央政府の言い分をベースに記事が書かれることになる。その結果、量的な拡大はややもすると、沖縄の言い分を相対的に小さく落とし込めることに繋がっているのである。

そしてもう一つは、政治中心であることから、県民の目線が忘れ去られがちになることだ。あるいは扱ったとしても、あくまでもメインのニュースは政府の言い分であって、いわば付け足しのように反対する住民という形をとることになる。

メディアとりわけテレビは基本的に、長期レンジの取材を必要とするようなテーマは苦手である。その日に起きた殺しや火事はお手のものだし、いわゆる調査報道と呼ばれるように、自ら眠っていたネタを掘り起こし、あるいは内部告発者の証言をもとに、社会の不正義と闘うというパターンも実行してきた。どちらも、あえていえば「悪者」がはっきりしていて、勧善懲悪のパターンで報道がしやすいという特徴を持つ。

これに対して沖縄の場合は、一九九五年に少女暴行事件があるなどして県民世論が沸騰し、普天間移設が具体化してからでも二〇年、さらに凄惨な地上戦ののち日本と切り離された米軍統治下におかれた復帰前の戦後の歴史、さらに遡れば「捨て石」としての琉球の歴史といった背景があって、いまの基地問題が存在する。数少なくない沖縄県民は、「まだ戦争は終わっていない」という言い方をする。そうした感情をどう理解したうえで、現在の米軍基地を考えるかということが問われることになる。

このような歴史的背景を十分に認識し、記事や番組を作れば、対立を煽るような記事や番組を報道することはできないはずだ。あるいは、傍観者然とした姿勢をとることは気恥ずかしいと思うのが真っ当なジャーナリストであろう。そして同時に、こうしたジャーナリズムの存在は、受け手である私たち次第でもあることを忘れてはなるまい。

3　民意の伝え方

†民意をはかる指標

一般に民意の反映としては、選挙、世論調査があげられることが多い。とりわけ世論調査は、報道機関の得意技として、世論動向の把握として主要な地位を占めてきたといえるだろう。またそれ以外に、直接的な民意の反映の現れ方として、デモや集会などの直接的な示威行動がある。さらには、日常的な記者活動の中での「皮膚感覚」を大事にするという場合も少なくない。どれを重視するかは当該メディアの伝統やその時々の編集方針が関係してくるが、沖縄の場合は二〇一四年以降一八年に至るまで、おおよそどれをとってもそれほど大きな違いがない。

具体的には、国政選挙や県知事選挙といった、直接、基地問題が争点になるような選挙では、引き続き辺野古新基地反対の立場の候補がより多くの票を得ている。また、世論調査においても、県民の三分の二以上が反対の意思を示す。さらに、県民集会と呼ばれるような全県的な集まりに、幾度となく万単位の県民が集まる状況が続いている。その意味で、現時点での「民意」ははっきりしているわけだ。

そうした状況の中で、新聞やテレビの編集方針は、当然ながらこうした県民意識を汲んだ紙面・番組作りにならざるをえない。とりわけ日本の新聞はその特徴として「大衆新聞」であって、例えばニューヨーク・タイムズやワシントン・ポストのような高級紙（一部エリート層のための新聞）ではないからである。わかりやすいたとえでいえば、日本では新聞記者教育の基本は「中学生に分かる記事を書け」だが、欧米の高級紙は社会のエリート層向けの新聞であって、このような読者対象とは全く異なる。

その結果、日本では大部数によって社会的影響力を保持しようと努め、欧米ではいかにトップエリート層に読まれるかを指向する。それからすると、沖縄地元紙が民意を反映するのは至極当然であって、その結果、地元メディアが基地問題に関していえば、辺野古新基地建設に否定的な紙面・番組作りをすることはむしろ、必然であるといえるだろう。

その上で、それでも政府方針に批判的な紙面を「偏向」とするのは、むしろ別の要因があるといえる。まずは、現在の日本社会における「偏向報道」の意味合いには、大きく二つの側面があることを知る必要がある。すなわち、政治的スタンスを色濃く反映した、政府批判の報道を否定するための理由付けとして「偏向」と呼ぶものが一つである。もう一つは、歴史的慣習である中立公正・不偏不党であるべきとの、紙面・番組作りのモデルに反するという意味での「偏向」である。

この典型例は、一五年末から大きな社会問題にもなった一部放送番組における安保法制批判報道を「偏向」であると批判する、自民党をはじめとする政治家、あるいは市民運動の動きである。「放送法遵守を求める視聴者の会」は、放送法の規定を根拠に放送番組は数量的に平等である必要があるとして、政府批判内容の番組を偏向であって違法行為であるので許されない、と主張した。

これに先んじてすでに自民党は、とりわけ選挙に近い時期においては街頭インタビューでさえも賛否同数にすべきなどと微に入った数量公平ルールの実施を放送局に求めていた経緯もある(放送法の規定を、法的拘束力のある数量公平と解釈することは、本来の倫理規範としての質的公平とは相容れないものであるが、ここでは紙幅の都合で説明を省略する。詳しくは、拙著『放送法と権力』田畑書店、二〇一六年)。

一方で不偏不党の伝統は、日本の新聞の歴史当初から始まったもので、いわば大部数獲得のための経営戦略である。明治期の新聞勃興期は、政論新聞が数多く誕生したが、そのなかで時事新報などの〈不党不偏〉をモットーとする新聞が経営的に成功をおさめ、これが日本の新聞の主流となっていくのであった。この経営方針が、戦後も引き継がれ、いまでも日本の新聞は世界でも稀な大部数・高普及率を誇る新聞として存在している（春原昭彦『日本新聞通史　四訂版』〔新泉社、二〇〇三年〕ほか参照）。

そうしたなかで大部数を維持する秘訣が、読者から見放されず、権力からも嫌われず、左右どちらの考え方の人にも読まれる新聞、ということだ。この「ほどほどの権力批判」という姿勢が、日本人の気質にもあったと思われる。これは、強者＝権威を主たる取材・報道対象とすることから、取材者と被取材者との間の距離が縮まることによって生まれるものでもある。

日本の新聞やテレビは権力批判が甘い、とはよくいわれるメディア批判の常套句であるが、一方で沖縄の新聞のように厳しい政府批判をすると、多くの国民は慣れていないがために〝引いてしまう〟という結果になる。そして、沖縄の新聞を目にした一般市民は、その大きな見出しや厳しめの言葉遣いに驚き、前者の意図的な偏向批判の中で、「確かにこの紙面は行き過ぎだ」という感情を持つという循環が生まれているといえるだろう。

†世論調査からみる民意

沖縄県内では、辺野古の米軍基地建設に関する住民意識ははっきりしていると書いてきた。もちろんほかにも、オスプレイ配備、教科書検定など、本土との意識差を測る指標はあるが、ここではその中でもっとも典型的な事例として「辺野古」を取り上げることとしたい。

沖縄地元紙である沖縄タイムス（この節では「タイムス」）と琉球新報（この節では「新報」）が実施した県内世論調査から、県民が米軍普天間飛行場の名護市辺野古沿岸部の埋め立てによる〝移設〟に対して、どのような意識を持っているのかを確認しておきたい。ここでは、決定的に辺野古に対する意識が顕在化したとされる二〇一三年末の当時の仲井眞《まいなかい》弘多《ひろかず》知事による移設承認と、その翌年の一四年十一月に翁長雄志《たけし》新知事が誕生した沖縄県知事選挙に着目してみた。

したがって、ここで取り上げる世論調査は、移設承認の一三年十二月二七日をはさんで、一三年十二月から選挙が実施された一四年十一月までである。具体的には、①一三年十二月十七日（タイムス）と十二月三十日（新報）、②一四年八月二六日（新報）と十月二八日（タイムス）、③十一月四日（新報）と十一月九日（タイムス）だ。

はじめに、十二月二七日の移設容認前後の数字を見てみよう。本来であれば対象も異なる二つの異なった調査主体の数値を並行で比較することは好ましくないが、大まかな傾向を知るという意味では参考になる（なお数字は％、新報調査は小数点一位まで出しているが、以下では便宜上小数点以下を四捨五入している）。

	〈十二月十七日・タイムス〉	〈十二月三十日・新報〉
仲井眞知事支持	支持五七　不支持一四	支持三九　不支持五四
安倍内閣支持	支持二八　不支持五一	支持三七　不支持五五
支持政党	自民一七　なし五四	自民二一　なし三八
埋立承認	賛成二二　反対六四	支持三四　不支持六一
辺野古移設	賛成二二　反対六六	辺野古一六　県外四七　ほか県内〇七

両調査を比べると仲井眞知事への支持が、移設承認前が五七％、後が三九％と、二〇ポイント近い差があった。一方で、支持政党で自民党の支持はほぼ変化なしであるし、安倍政権の支持率はむしろ一〇ポイント近く増加している。このことから、移設承認を単純に仲井眞知事の「公約違反」あるいは「裏切り」として捉えており、安倍政権あるいは自民党の政策という捉え方ではないことがうかがわれる。ちなみに、承認後の数字で、辺野古埋め立て承認を「公約違反だ」「公約違反と言われても仕方がない」を合わせると七二％にのぼっている。

また、辺野古移設については、タイムスで反対六六％、そのうち県外、国外への移設を求める者が八六％であった。新報では全体のうち県外、国外、無条件閉鎖を合わせて七四％であった。辺野古移設を是とする数字が、それぞれ二二％と一六％であることからすると、埋め立て承認という知事判断によって、辺野古移設の態度がそれほど左右されないことがわかる。関連して、埋め立て承認についても、承認前の反対割合（六四％）と承認後の割合（六一％）は、それほど大きな差がないともいえるだろう。

このほか、タイムス調査の項目に、基地の現状が沖縄への差別と思うかとの問いがあり、半数近くの四九％が「思う」と答えていることが気にかかる。その基地に関しては、存在が沖縄にとってプラスは二九％、マイナス四六％であった。

〈八月二六日・新報〉

では次に、沖縄県知事選挙に向けての調査結果を見てみよう。ここでは、辺野古埋め立て承認への賛否について賛成が二〜三割と承認時と大きな差がないことがみてとれる一方、新報調査の「移設作業を中止すべき」が八〇％を超える絶対多数であることに注目したい。なおこの数字は、承認時の判断を支持しない数字よりもさらに二〇ポイント増加していることになる。なお、候補者を選ぶ基準で最も重視されているのは基地問題で、タイムス四〇％、新報三四％という数字になっている。

〈十月二八日・タイムス〉

移設作業	移設続行二〇　移設中止八〇	承認賛成二九　承認反対六二
移設先	辺野古一〇　県内五　県外一六　国外三一	県内一九　県外二九　国外四七
支持政党	自民一一　なし六〇	自民二〇　なし六一

この数字が、県知事選が始まってどう動いたかである。翁長雄志候補が辺野古移設の取り消しを、仲井眞弘多候補が推進の意思を明確に表明し、選挙戦が行われた。ちなみに、各候補者は最初の街頭演説で演説時間のうち翁長雄志候補三九%、仲井眞弘多候補四七%、下地《しもじ》幹郎《みきお》候補三九%、喜納《きな》昌吉《しょうきち》候補二四%が、基地問題について時間を割いたという（沖縄タイムス十月三一日付）。

	〈十一月四日・新報〉	〈十一月九日・タイムス〉
埋立承認	ーーー	評価二三　評価せず六二
移設先	辺野古一五　国内二三　国外二九	県内一九　県外一八　国外五三
支持政党	自民二二　なし四八	自民一六　なし五〇

辺野古移設については、評価しないとの回答が六割を超えているが、この数字に大きな

2014年　沖縄県知事選挙開票速報（確定）

		市町村名	候補者別得票数 下地みきお	喜納昌吉	オナガ雄志	なかいま弘多	有効投票	無効投票	投票総数
市部	1	那覇市	17,735	1,826	90,284	53,449	163,294	1,332	164,626
	2	宜野湾市	3,959	464	21,995	19,066	45,484	310	45,794
	3	石垣市	1,855	238	8,992	9,363	20,448	122	20,570
	4	浦添市	7,815	538	27,673	19,173	55,199	443	55,642
	5	名護市	1,961	281	17,060	12,274	31,576	227	31,803
	6	糸満市	2,559	400	14,088	11,113	28,160	212	28,372
	7	沖縄市	3,907	845	31,549	24,958	61,259	438	61,697
	8	豊見城市	2,622	274	14,796	10,503	28,195	180	28,375
	9	うるま市	3,143	722	27,788	23,366	55,019	398	55,417
	10	宮古島市	9,275	141	6,879	8,826	25,121	139	25,260
	11	南城市	1,565	204	11,559	8,348	21,676	183	21,859
		小計	56,396	5,933	272,663	200,439	535,431	3,984	539,415
国頭郡	12	国頭村	116	17	1,161	1,486	2,780	18	2,798
	13	大宜味村	64	32	1,253	466	1,815	10	1,825
	14	東村	58	11	522	583	1,174	6	1,180
	15	今帰仁村	590	52	2,976	1,483	5,101	24	5,125
	16	本部町	533	91	3,493	2,904	7,021	49	7,070
	17	恩納村	339	81	2,752	2,029	5,201	38	5,239
	18	宜野座村	137	31	1,832	1,178	3,178	14	3,192
	19	金武町	320	55	2,640	2,544	5,559	34	5,593
	20	伊江村	116	19	972	1,404	2,511	12	2,523
		小計	2,273	389	17,601	14,077	34,340	205	34,545
中頭郡	21	読谷村	1,173	255	11,064	6,926	19,418	139	19,557
	22	嘉手納町	341	66	3,548	2,895	6,850	67	6,917
	23	北谷町	863	137	7,290	4,701	12,991	105	13,096
	24	北中城村	571	131	4,743	2,861	8,306	60	8,366
	25	中城村	723	104	5,114	3,580	9,521	102	9,623
	26	西原町	1,506	192	10,552	5,694	17,944	151	18,095
		小計	5,177	885	42,311	26,657	75,030	624	75,654
島尻郡	27	与那原町	830	100	4,827	3,557	9,314	49	9,363
	28	南風原町	1,605	186	10,574	5,752	18,117	109	18,226
	29	渡嘉敷村	62	5	160	199	426	4	430
	30	座間味村	56	10	249	292	607	5	612
	31	粟国村	75	5	189	129	398	4	402
	32	渡名喜村	0	2	124	136	262	2	264
	33	南大東村	59	7	243	466	775	2	777
	34	北大東村	38	1	71	261	371	1	372
	35	伊平屋村	41	11	244	429	725	7	732
	36	伊是名村	124	9	239	461	833	16	849
	37	久米島町	1,044	43	2,026	1,115	4,228	35	4,263
	38	八重瀬町	1,106	154	7,795	5,380	14,435	109	14,544
		小計	5,040	533	26,741	18,177	50,491	343	50,834
宮古郡	39	多良間村	253	4	142	248	647	1	648
		小計	253	4	142	248	647	1	648
八重山郡	40	竹富町	265	72	973	1,022	2,332	29	2,361
	41	与那国町	43	5	389	456	893	6	899
		小計	308	77	1,362	1,478	3,225	35	3,260
沖縄県		市部計	56,396	5,933	272,663	200,439	535,431	3,984	539,415
		郡部計	13,051	1,888	88,157	60,637	163,733	1,208	164,941
		県合計	69,447	7,821	360,820	261,076	699,164	5,192	704,356

沖縄県ウェブサイトより作成

変動はない。また基地移設先については、時期を追って県外・国外が大勢を占めてきている状況がみてとれる。辺野古移設を推進する政策への支持は一度も反対を上回ることがなく、普天間飛行場の解決策についての回答は、無条件閉鎖、県外、国外を合わせると最大で八〇％以上を占めていることが分かる。

あわせて、もう一つの民意である選挙結果も確認しておこう。これについては、一四年の沖縄県知事選を指標として挙げることにする。他にも、名護市長選や衆議院・参議院の国政選挙の結果も補強材料としては使えると思われるが、まさに「辺野古移設」が最大の焦点として、かつ候補者がそれをメインイシューとして戦った選挙戦として、最も民意が反映した選挙の結果といえるからだ。

ここでは事実上の一騎討ちであった、翁長雄志候補と仲井眞弘多候補がそれぞれどの地区で支持を受けたのか、特に移設元の普天間基地がある宜野湾市、移設先候補の辺野古をかかえる名護市では、どちらがより多く得票したのかなどを、公式発表の開票速報から確認してみた（図「二〇一四年　沖縄県知事選挙開票速報（確定）」）。ちなみに、全体得票数の八八％（下地幹朗候補一〇％、喜納昌吉候補一％、翁長雄志候補五二％、仲井眞弘多候補三七％）を両候補が占めている。

翁長の得票率は全体の五二％で、仲井眞の三七％との差は一五ポイント（九万九七四四票）であった。四一市町村中、翁長は二六市町村で最高得票したが（市部九／一一、郡部一七／三〇）、とりわけ市部での支持が多かった。なお、市部での有効投票数は五三万五四三一であり、全体の六九万九一六四票中七七％を占める。その市部だけで、翁長は仲井眞の県全体得票数を超える得票をしたことになる。

先に紹介した移設承認前一三年十二月十七日実施のタイムス調査では、仲井眞支持が五七％であったことと比較すると、仲井眞の支持率は二〇ポイント落ちたことになる。一方で、移設承認後十二月三十日実施の新報調査の三九％とはほぼ同じであった。

各得票数をもとに、両候補の優劣を便宜的に百分率でみると、宜野湾市では、翁長が仲井眞よりも七ポイント多く得票している。ただし、翁長の得票率は自身の全体平均より若干少ない一方、仲井眞は自身の全体平均より高かった。名護市では、両者の得票割合は全体の比率とほぼ同じで翁長が仲井眞よりも一六ポイント多かった。なお宜野湾市役所は、「基地負担の軽減」「普天間飛行場の固定化は認められない」を主張しており、当時の宜野湾市長はこの知事選で、辺野古移設を推進する仲井眞を支持していた。

†どの民意を大切にするか

こうした「民意」のどこに焦点を当て、紙面作りをしていくかは、その新聞の編集方針の一つであり、自由度がある。ごく大雑把にいえば、在京紙の場合、東京新聞は目の前に起きているデモなど、一般市民の動きを大切にしている。それに比べ、読売新聞は選挙結果をベースにしているように感じられる紙面作りだ。自社の世論調査を重視していると思われるのが朝日新聞といえるだろう。

もちろんこうした見立ては、事案ごとによっても変わる可能性があるが、その時々によって、重視するものが変わると、それはその新聞の結論ありきのご都合主義と取られる可能性があり、好ましくなかろう。ただし、こと辺野古問題に関しては、この節の冒頭にも述べたとおり、いずれの指標（選挙結果、世論調査、示威行動）も一致しているといってよい状況にある。

それからすると、辺野古問題の節目で、どのような紙面を作るかの違いは、沖縄の民意に立つのか、政府の意向に立つのかの違いと捉えざるを得ない状況を生んでいると思われる。その違いが沖縄地元紙と在京紙の紙面作りの違いである。実際の紙面作りの違いは第五章で示す。

こうした民意の捉え方は、当然そのほかの紙面作りに現れる。もちろん、それは辺野古問題と同様に、政府政策自身への賛否にも大きくかかわるということがある。一つの事例として安保関連法案についての扱いを見ておこう。二〇一六年九月十九日深夜の採決を受けての紙面である（次ページ参照）。

琉球新報では、ここでも「市民の声」を民意として大切にしている新聞であることが表れている。こうした姿勢を了とするかどうか、という問題であることが見えてくると思う。これはジャーナリズムとは何かという問題でもあるからだ。

ある種の編集方針ともいえる紙面姿勢は、とりわけ「デモ」についての扱いに関し如実である。この問題は、東日本大震災以降、国会や官邸前の抗議行動が日常化、そして規模が大きくなる中で、既存の報道機関に突き付けられた新しい課題でもあるからだ。もちろん、集会やデモを報ずることは、昔から一般的だ。いわば大衆行動としてのデモについていえば、六〇年代・七〇年代のいわゆる安保闘争に関し、連日紙面を賑わせていたわけであるし、それ以降でも、継続的にニュースにはなってきた。

しかしその多くは、いわば動員型のデモや集会で、党派性のある運動体である場合が多いこともあって、それをどう扱うかは、その運動体の政策をどう評価するかに直結することが多かったといえる。そうした事もあって、ことさらに党派性を嫌う新聞やテレビ局は、少なくとも学生運動以降のデモや集会には、一歩距離を置いて報じてきたし、そもそも主たる取材対象でもなかった。

それが、三・一一以降大きく変わったということになる（詳しくは拙著『3・11とメディ

安保法 成立

集団的自衛権 行使可能に

未明、自公など賛成多数

首相 粘り強く説明する

国会前 夜を徹して抗議

戦後防衛政策の大転換

安保法 成立

集団的自衛権を法制化

国民が政治を鍛え直す時

讀賣新聞

安保法案 成立へ

参院 未明の採決

集団的自衛権 可能に

防衛政策 歴史的転換

戦禍を防ぐ新法制

讀賣新聞

日米同盟を深化

安保法 成立

装備面 支援拡充へ

一体運用 可能になる

中谷、塩崎氏 留任へ

麻生、岸田 二階氏も

朝日新聞　　　　　　　　　　　　読売新聞

戦後70年「戦える国」に変質

東京新聞

安保法案 成立へ

憲法違反の疑い

集団的自衛権 可能に

不戦の意志 貫こ

来年参院選 国民が審判

「法廃止へ」これから

東京新聞

安保関連法 成立

運動継続を表明

忘れない。まず参院選

琉球新報

やまぬ抗議 全国に

安保法 成

戦後政策の

琉球新報

自衛隊活動 地球規模

全国、続く抗議 高校生も

安保法成

武器使用基準見

東京新聞

琉球新報

安保関連法案成立を伝える、2016年９月19日と20日の各紙面

ア――徹底検証　新聞・テレビ・WEBは何をどう伝えたか』［トランスビュー、二〇一三年］参照）。原発再稼働に始まり、特定秘密保護法や安保関連法案などに反対する抗議活動は、SNSを通じて党派性を超えて広く拡散し、幅広い参加者を得た市民の「新しい形」の意思表示となってきたからである。

これに対し、各報道機関は戸惑いながらも、いわば民意の表れとして取材・報道の対象にしてきたといえるだろう（次ページ参照）。その戸惑いや対応の仕方の慣れも含め、どこまで市民の意思の表れとして、直接的な示威行為である抗議活動やデモ・集会を認識すればよいかという意識の違いが、各社の紙面や番組扱いの違いとなって表れているということになろう。

そして、こうした抗議活動が、戦後、途切れることなく続いているという点で、沖縄の場合と本土の場合とは異なる。したがって、こうした「日常的」な抗議活動や集会は、いわば当然ながら、日々の生活の中から湧き上がる市民感情であると理解され、それを報じることは「当たり前」とされてきている。いわば、デモを報じることを「特別なこと」として認識する本土紙と、「当たり前」として報じる沖縄地元紙の違いである。

それが先に紹介した安保法案成立後の紙面にも如実に表れるし、何よりも沖縄県内における基地建設反対活動を、住民の切実な思いを伝える行動と受け止めるか、「過激派によ

安保法案「反対」「賛成」デモ
土日の国会周辺や新宿

読売新聞2015年８月31日付34面

安保法案反対 最大デモ
国会周辺に集結 全国各地でも抗議

朝日新聞2015年８月31日付１面

警察「3万人」主催者「12万人」
周辺、雨中騒然
国会前 反安保法案の大規模集会
学生団体「シールズ」とは

産経新聞2015年８月31日付26面

国会デモ 膨らむ理由
時時刻刻
SEALDs《シールズ》 共鳴、ネット拡散

朝日新聞2015年８月31日付「時々刻々」

デモを報じる本土各紙の紙面

る意図的な政治活動」と捉えるかの違いになってくるといえるだろう。

ジャーナリズムとは何かを考える時、その一つの大切な視点は、小さい声を拾う、弱い者の立場に立つということである。それからすると、目前の出来事に苦しんで声を上げている市民の代表ともいえるデモの声を、紙面や番組に反映させることは、たとえそれが圧倒的な民意でなかったとしても大切なことではなかろうか。ましてや、沖縄においてはその声は少数者ではない。しかし一方で、政府との関係において圧倒的な弱者の立場でもある。

そうしたなかで、どちらの立場に立つかは明らかであろうし、少なくとも沖縄地元紙が、基地反対の声をより重視する姿勢をとり続けることは、ジャーナリズムの本筋からしても当然の姿勢ということになる。

第四章

偏見

1 ヘイトを許す社会

†「土人」発言

沖縄に対する差別的言動は、これまでも繰り返しなされてきた。戦前には大阪での一九〇三年・第五回内国勧業博覧会における人類館事件（沖縄人女性二人を「展示」した事件）がすぐに思い起こされる。ここではまさに、沖縄県民を「土人」として見世物にしたのであった。その差別構造は沖縄戦における日本兵による住民虐殺において象徴的に表れている。同じことは戦後においても一貫して続いており、一五年には自民党の党内勉強会における沖縄蔑視や事実に基づかない非難が問題になった。

さらに普遍化させれば、日本においては明治時代に「北海道旧土人法」が制定され（ほかに、旭川市旧土人保護地処分法は昭和になってからの制定である）、アイヌ保護という名目において、アイヌの土地所有の制限、アイヌ語の廃止など、日本の同化政策を行うための立法政策が、一九九七年まで継続していた事実がある（同年、アイヌ文化振興法が新たに制定)。まさに、侮蔑・差別の象徴としての「土人」呼称であったことが歴然である。

そうしたなかでの、沖縄・北部訓練場における二〇一六年十月十八日の大阪府警・機動隊員による「土人」「シナ人」発言であったわけだ(ネット上で公開されている動画によると、「どこつかんどるんじゃボケ、土人が」と発言)。「土人」は、繰り返される「沖縄差別」の史実を想起させるものであるし、「シナ人」は中国人を指す言葉で、日中戦争以降、日本側が侮蔑を込めて使用したため、中国側が差別的用語としている。

土人発言に、主として本土の側に広くそして深く広がる差別意識の存在を見出すことは難しくない。後にも述べる通り、沖縄は国益を考えることなく地域エゴでごねているとか、プロ市民に先導された一部運動家たちによって騙されている、といった事実に反する「デマ」が、ネットを中心に広く行きわたっている。

さらに、沖縄は基地で食べているとか、海兵隊は軍事戦略上あるいは地政学的に沖縄に駐留する必然性があるといった、いまでは「沖縄の神話」といわれる、これまた事実でないことがデータによって証明されている虚偽の言説が、沖縄県内も含め一般に根強く存在する状況にある(先に挙げた文献のほか、沖縄地元二紙の電子版ではバナーを設けて、逐次データで反論している。たとえば琉球新報電子版「連載・沖縄基地の虚実」[無料]や沖縄タイムス「連載 沖縄・基地白書」[有料])。

また、沖縄の立場に共感を寄せる人々にしても、できれば基地は沖縄に置いておいてほしいというのが素朴な感情として存在する。これもまた潜在的差別の表れだ。それが数字となって表れる場合は、沖縄では圧倒的多数が「県外・国外」への移設を求める状況になっているのに対し、全国世論調査では異なる傾向を示す。少し古いデータではあるが、総理府が実施した「自衛隊・防衛問題に関する世論調査」の一九九七年、二〇〇〇年、二〇〇三年の三回では、「沖縄県における在日米軍機能の一部本土移転についての考え方」を問うている（その後の二〇〇六年、二〇〇九年、二〇一八年の調査では質問項目から外している）。そこでは、九七年には四〇％を超えていた本土移設賛成の割合が、調査をするごとに減少している（〇〇年＝三六・八％、〇三年＝三四・六％）。

その後の傾向を朝日新聞社実施の世論調査でフォローしてみると、二〇一〇年調査では（十二月十六日付朝刊）、基地の沖縄偏在について賛否が拮抗している（おかしい＝四八％、やむを得ない＝四五％）。一四年の調査（一月二八日付朝刊）では、辺野古移設賛成が三六％と反対三四％を微妙ではあるが上回る結果を示した。翌一五年の調査（四月二一日付朝刊）では、移設先として県内二七％が本土一五％を上回った（国外移設が四五％で最も多い）。同じ調査では基地の沖縄偏在も問うているが、ここでも賛否が拮抗しており、一〇年調査と数字に変化は見られない。

ちなみに同時期の読売新聞の全国世論調査を見ると、二〇一四年は仲井眞知事（当時）の移設承認を「評価する」が五九％と「しない」の二八％の倍以上の数字を示した。二〇一五年では、辺野古移設の政府方針について、「評価する」「評価しない」が拮抗していることがわかる（一月は四〇％と四三％、四月はともに四一％であった＝四月六日付朝刊）。

さらには、徐々に形成されつつある排外主義的な流れがある。九〇年代後半に始まった「嫌韓嫌中」という流れの中で、基地問題でいつまでも政府に反抗し続ける沖縄へのバッシングは、沖縄（基地）ニュースが増えるに従いむしろ強まっているともいえるだろう。まさに「嫌沖」という感情が芽生え高まっているということだ。その一つの表れは、ネット上で現れる反基地運動に対する執拗なヘイト攻撃だ。

†政治家によるヘイト擁護

ここでは、こうした差別発言そのものの問題性を改めて繰り返すことはしないものの、むしろ「土人」発言の「その後」の政府や公職者の立ち振る舞いこそがきわめて深刻な問題であることを指摘しておく必要がある。これら一連の言動が、いまの日本社会に差別構造を固定・助長させるものであるからだ。まずは関係者の発言を列挙しておこう。

□松井一郎・大阪府知事

「表現が不適切だとしても、大阪府警の警官が一生懸命命令に従い職務を遂行していたのがわかりました。出張ご苦労様」（一六年十月十九日、ツイッター）

「（発言した隊員）個人を特定して、メディアが鬼畜生のようにたたくのは違うんじゃないかと思う。職務を一生懸命やってきたことは認めたい」（一六年十月二十日、記者会見）

「売り言葉に買い言葉で言ってしまうんでしょう。（抗議している）相手もむちゃくちゃ言っている。相手は全て許されるのか。それをもって一人の警官が日本中からたたかれるのはちょっと違うと思う」（一六年十月二十日、記者会見）

□鶴保庸介・沖縄担当大臣

「言われた側の感情に主軸を置くべきだと思う。県民感情を損ねているかどうかは虚心坦懐に私たちはつぶさに見ていかなければいけない」（一六年十月二一日、記者会見）

「今現在、差別用語とされるようなものであったとしても、過去には流布していたものがたくさんある」「『土人である』ということが差別であるというふうに、私個人的には断定はできない」「私が断定するものではない。しない、していないというふうにも断定もできない」「人権問題であるかどうかの問題を第三者が一方的に決めつけるのは非常に危険なことだ。言論の自由はどなたにもある」「（県民を傷つけたかは）私が断定するものではない」（一六年十一月八日、参院内閣委員会）
「人権問題として捉えるかは言われた側の感情に主軸を置いて判断すべきだ」（一六年十一月十日、参院内閣委員会理事懇談会）
「差別かどうか判断する立場にないと話している。これを差別発言と言われるのは理解できない」（一六年十一月十日、記者会見）

閣内での主たる発言は以下の通り。

□金田勝年法相
「差別意識に基づくものかどうかは、事実の詳細が明らかでない状況の中では答えを差し控えたい」「その言葉のみを捉えてどう思うかと言われれば、同じように思う（「土人」は差別用語にあたるとの認識）」「とても残念で許すまじき発言」（一六年十月二五日、参院法務委員会）
□菅義偉官房長官
「許すまじきことだ。言うべきではない」（一六年十月十九日、記者会見）

「人権問題として捉えるかどうかも含めて、個別の事案についてはつぶさに注視していくことが重要だと思う。鶴保大臣もそのような趣旨で述べたのではないかと思う」（一六年十一月八日）

「差別とは断定できない、が政府統一見解だ」（一六年十一月二一日）

□松本純国家公安委員長

「発言は不適切であり極めて遺憾」（一六年十月二一日、衆院内閣委員会）

沖縄県内でも見解は割れている。沖縄県議会で沖縄・自民は、「反対派の暴言も悪質で聞くに堪えず、自制を促す必要がある」（一六年十月二八日、抗議決議案を賛成多数で可決した臨時議会で独自の決議案を提出）とする。そして十一月二四日に石垣市議会では、発言は不適切としながらも、「県民に向けられたものではなく、県民への差別発言でもない」「警察官の人格、尊厳を傷つける発言は問題にせず警察官の発言のみ取り上げるのは一方的」と、いわば〈どっちもどっち〉を強調する内容となっている。

なお、こうした発言はこれまでにもあった。たとえば二〇一六年五月八日の沖縄県祖国復帰四四周年記念靖国集会において、小川健一神奈川県議会議員はこう言っている。「沖縄では基地反対と毎日のように騒いでいる人たちがいる。基地の外にいる方ということで

「キチガイ」と呼んでいる」。さらに沖縄二紙については「本当につぶれた方がいい」とも発言したとされる。

†言論の自由の保障対象は

当事者である沖縄県警は、十一月十九日に「差別的用語で不適切」と認め「極めて遺憾」と謝罪、大阪府警は発言した二人の大阪府警・機動隊員を処分した。ただしその処分内容は、地方公務員法三二条（法令等及び上司の職務上の命令に従う義務）に基づくものとされており、「職員は、その職務を遂行するに当つて、法令、条例、地方公共団体の規則及び地方公共団体の機関の定める規程に従い、且つ、上司の職務上の命令に忠実に従わなければならない」に反したからの処分ということになる。

これに関連し、政府は以下の政府答弁書を閣議決定している。

「警察官のように逮捕権を有し、公権力を行使する者がこうした言動を行ったことは「許すまじきこと」と考えている一方、本件発言を人権問題と捉えるかどうかは、言われた側の感情に主軸を置いて判断すべきだと述べている。……内閣として発言の取り下げや謝罪などを求めることおよび、速やかに罷免することは考えていない」（一六年十

一月十八日内閣衆質一九二第一三〇号）

まさに政府は、公式に事実上「土人発言は差別言動ではない」ことを決定したことになる（関連して、内閣参質一九二第七二号）。差別と断定できないとの発言に訂正や謝罪を不要とする答弁書を、閣議決定するに至っているからだ。こうしたシロをクロと言いくるめるような解釈を、政府方針として次々と明らかにする行為は、政府によるプロパガンダそのものである。

最近だけでも、質問趣意書に対する政府答弁書として、「「セクハラ罪」という罪は存在しない」（内閣衆質一九六第二七五号）のほか、放送法四条の政治的公平や憲法九条の集団的自衛権をめぐる解釈を、従来の一般的な解釈を逸脱し一方的に政府見解を「正しいもの」として社会に押し付ける方法は、民主主義社会のルールを逸脱しかねない重大な問題を孕んでいる。

このように、高江へリパッド建設反対の抗議行動の現場でなされた差別発言は、沖縄県民に強い怒りと悲しみを招いた一方で、日本社会全体の反応は明らかに異なるものであったことがわかる。すでにみてきたように、警察派遣元の松井一郎大阪府知事は、「どっちもどっち」と言わんばかりの事実上差別を肯定する発言を繰り返しているほか、沖縄担当大臣（当時）である鶴保庸介は国会答弁で「差別とは断定できぬ」と、一貫して差別発言との認識を否定する態度をとっている。

さらに同議員は「言論の自由はどなたにもある」とも答弁しており、これは秘密保護法や安保関連法制の国会審議の過程でなされた、安倍首相が自身や自民党議員の発言を「言論の自由」と言うことと通底する。そこには、憲法が保障する言論・表現の自由は、為政者である政治家ではなく、まさに個々の市民に保障されたものであるとの理解が欠如しているといえよう。

あえていえば、憲法が定める言論の自由の保障対象は一般市民であって、政治家ではない。あくまでも、政治家＝為政者は、市民の言論の自由を侵害してはならない立場にあって、むしろ自身の発言によって市民の自由を奪うことがないよう戒める必要がある。

2 ヘイトへのメディア加担

†ヘイトを言論の自由という風潮

本来、政府や公務員は、市民的自由を守る義務があるのであって、保障される側ではなく保障する側である。こうした意識的な主客の置き換えは、そもそも憲法が公権力の恣意的な権力行使を縛るもの、という基本的な性格をまったく無視したものである。

残念ながら、この逆転した状況を支えているのがメディアの報道である。とりわけ関西のテレビメディアは、大阪府知事発言を容認する姿勢を示すものが少なくない。もちろん東京のメディアにおいても、一部週刊誌・新聞などでは、紙誌面で発言をかばう言動が続いた。あるいはネット上では、従来からのいわゆる沖縄ヘイトの延長線上で機動隊擁護論が渦巻いているのが現状だ。一方で多くの新聞は、問題発言があったという報道をしているものの、松井知事や鶴保大臣の発言をそれなりのスペースで「そのまま」伝える結果、「そうか、問題ないのか」という認識を、読者間に増やす効果を生んでいる。

辺野古や高江の反対運動のあり方について様々な意見がたたかわされることはあっても、その抗議行動をはじめとする反対の意思表明行為に関しては、原則を守ることが大切だ。その原則とは、抗議活動は、市民的自由の発露として最大限認められるべきものであって、そのために公共のスペースが一時的に占有されたり、場合によっては私的財産が部分的に侵害されることがあっても、それは公共の場での言論公共空間の確保という大目的の中で許容されなければならないということだ。

辺野古移設反対の抗議活動に関しても、二〇一五年二月に初の逮捕者や、海上で強制排除（身柄拘束）が続いたほか、リーダー格の山城博治議長がゲート前で拘束されたこともあり、在京紙でもそれなりの報道が続いた。また同年十月の着工時も大規模の座り込みなどがあり逮捕者が出たり、一六年四月に芥川賞作家が逮捕されるなどし、散発的ではあるものの記事化されてきた。

しかしその後は、今日に至るまで抗議活動がニュースになることはほぼない。それは、次に触れる高江のヘリパッド工事のピーク時である一六年十一月も、そして辺野古の工事着工の節目に当たる一八年四月も変わらない。いわば、それらは沖縄・辺野古の「変わらない」風景として、本土のニュースメディアの関心からは外れてしまったということになるのだろう。新しくない出来事はニュースではない、との報道界の不文律が、沖縄基地報道にも大きな影を落としている。なぜなら、県内ではあまりに米軍基地関連の事件・事故が日常化しているからである。米軍が県民の生活圏内で訓練を繰り返し、米軍関係者が自由に民間地に出入りしているわけであるから、当然と言えば当然である。

そして起きる事件・事故は頻発かつ似たような事案が多い。たとえばオスプレイが学校や住宅の真上を低空飛行する「違反」行為は連日のように起きているし、ヘリからの落下物も珍しくない。その結果として、基地関係の事件・事故を伝える記事・番組内容は、似たようなものにならざるを得ない。それは沖縄県内においても、「また基地の話か」との嫌悪感や反発につながることがあろうし、ましてや本土紙が沖縄の日常をニュースにすることは高いハードルだ。

その結果、ますます沖縄地元紙と本土紙の紙面格差は広がることにつながるし、県民にとってもその紙面が本土との違いを指摘されればされるほど、いつのまにか「変わった新聞」というイメージを持つに至ることになっている。この問題は、東日本大震災の被災地の「変わらないこと」(復興が遅れているさま)が本来伝えるべきことであったのと同様、沖縄県内で基地問題が解消せず、事件・事故が頻発している「変わらない日常」そのものがニュースであるということを、認識する必要がある。

目新しいもの以外は報道しないことは、基地問題を「なかったこと」あるいは「仕方がないこと」にしてしまうことにつながるからである。沖縄地元紙が（あるいは福島地元紙が）、こうした忘却や諦めに、いわば身を挺して抵抗している中で、むしろ本土メディアができることは、同じ立場に立って報道することであり、少なくともそうした姿勢を理解することであろう。

その後、ヘリパッド工事の大詰めを迎えた一六年十一月末には、反対運動のリーダーが逮捕拘束されるとともに、反対活動の中心的な市民運動拠点にも捜索が入った。しかしこうした辺野古関連の家宅捜索や逮捕が続いた当日も、東京のテレビや新聞で流れるのはもっぱら、歌手の覚せい剤逮捕とオリンピック会場選定のニュースばかりだった（十一月二九日から十二月二日の報道）。新聞でも、ごく小さな記事で捜索もしくは逮捕を伝えるのみだ。これからみても、沖縄に対する関心は一定程度広がりを見せつつあるものの、「日本」には沖縄でいま起きていることはまったくといってよいほど伝わっていない。

†「どっちもどっち」はあり得ない

こうして、公権力の行使が社会全体として「なかったこと」として過ぎ去っていくことは大変危険だ。なぜなら、これらが社会として受け入れられたことになって、どんどんエスカレートしていく可能性が強いからだ。しかも起きていることは、表現活動への恣意的な嫌がらせといってもよい事態である。言いたいことを言いたい時に言いたい場所で言いたい方法で行うことが表現活動の基本だが、そうしたタイミングや方法を極めて効果的に奪う常套手段が、歴史的に見ても警察による逮捕や捜索、あるいは差押え・押収であるからだ。

さらに社会的にも、運動拠点の捜索や、リーダー格を狙い打ちしたかのような度重なる逮捕と長期拘留は、反対運動を反社会的行為と印象付ける効果も生みかねない。これらが、ヘリパッド建設や辺野古埋立て工事再開をスムーズに進めるための、「反対の声」の抑え込みだとするならば、それは市民的自由が保障された民主的な社会としての最低条件が失われつつあるということであって、きわめて深刻な事態だ。

少し想像してみよう。いま、東京でも国会や官邸前で様々な抗議活動が行われている。時には、国会前の車道に自然発生的に集まった人が流入するような事態もあった。そうした「混乱」状況のなかで、逮捕者がごくまれに出ることはあっても、日常的な抗議活動による逮捕者は出ていない。これに比して沖縄・辺野古では、座り込み等の抗議活動を行う市民が何度も、「拘束」や「逮捕」されているのである。もし同じことが東京で起きれば、大事件であるにもかかわらず、沖縄で起きることにはまったくといってよいほど無頓着な本土メディアがある。

この市民的自由は、とりわけ民意を直接的に表現するという意味での表現の自由の行使として捉えられるものであるし、場合によっては政治的権利としての請願権の側面も持つだろう。いずれにせよこれら権利や自由は、あまりに当たり前であるが、現場で警備に当たる警察にはないし、ましてやそれを管轄する行政権者は持ちえない。

そうであるならば、公権力と市民の関係のなかで、両者の発言が「どっちもどっち」はありえないのであって、市民に最大限の表現の自由が憲法上保障されているのに対し、公権力側には自由な表現が許される余地はなく、同時に多少の罵詈雑言も含めて受け止める関係にあるということになる。

あってはならない差別発言を、大阪の府民性とか沖縄の過剰な被害者意識のせいに曲解して、ごまかし曖昧にやり過ごすことは、結果的に社会の差別構造を固定・助長し、差別意識の蔓延につながる。同じ間違いを繰り返さないためには、きちんと問題性を明らかにし、将来への教訓として残していくことが必要だ。そのために報道機関には、こうした基本的な関係性とともに、足を踏まれた痛みを想像する力を、広く読者・視聴者が共有できる状況を醸成していく責務がある。

†プリミティブ表現の特性

こうした抗議行動のほか、ビラやチラシの配布、幟《のぼり》や横断幕の掲示や、拡声器等を使用した示威行為、あるいは集会やデモなどは一般に、「プリミティブ表現」あるいは「大衆表現」と類型化される表現行為群である。プリミティブと呼ばれるゆえんは、こうした表現行為は一般市民（大衆）が最も気軽に、さしたる原資も必要とすることなく行えることにあり、その意味では、もっとも原始的であるがゆえに表現行為の原型であるともいえるだろう（拙著『法とジャーナリズム　第三版』学陽書房、二〇一四年）。

一般に表現行為は、メディアを介して行う場合が多い。とりわけ新聞やテレビというメインストリームメディアの表現行為が表現の自由の問題として社会的耳目を集めることが多いし、それらの活動は民主主義社会において重要な地位を占めることは最高裁でも認めるところである（博多駅テレビフィルム提出命令事件・最高裁決定）。しかし一方で、ビラやチラシ、立て看板といった簡易メディアを使用したものや、デモや集会といった自らの身体行動そのものによる表現行為は、過去もそして現在においてもその重要性に変わりはない。

とりわけ、こうしたプリミティブ表現は、メディアには載りづらい市民社会におけるマイノリティの声を、直接社会に伝える極めて有効な手段として機能しているからである。もちろん、今日においてはそうした機能を持つ有効な手段として、インターネットを経由した情報発信があり、安価に不特定多数に対し情報を発信することが可能となってはいる。しかしながら容易に想像ができる通り、インターネットで流通する情報は一般に「プル」型、つまり情報摂取形態をとり、情報の受け手の側が自ら希望してそれを受けとるのが一般的である。

この意味するところは、自分が希望しない情報、あるいは聞きたくない、見たくない情報にはアクセスをしないし、そうした情報はどんなに送り手が熱心に情報発信をしても、当該受け手にとっては無いに等しいという結果をもたらす。これに比して、デモや集会、チラシやビラは「プッシュ」型の情報流通形態で、まさにピンポイントに伝えたい相手に直接届けることができるという意味で、最も効率的なメディアであるともいえるのである。

しかも、安価で簡便なメディアであることは、その情報のゲートキーパー（情報の関門）が存在せず、それだけに自分の気持ちをストレートに表現することができるという特性を持っている。このメディア特性を十分に理解した上で、表現の自由の保障のあり方を論じなくてはならない。

それからすると第一に、場合によっては最も聞きたくない相手に対し、聞きたくない内容の表現を直接伝えるという意味で、受け手にとっては発信相手に不快な感情をいだきやすいという特性がある。いわゆる「不快な表現」といわれるものである。第二に、表現者の感情がオブラートに包まれることなく直接的な表現をもって伝えられるために攻撃的になりやすい側面がある。いわゆる「喧嘩言葉表現」と呼ばれるものである。

第三に、チラシやビラ、幟や横断幕・立て看板など、スペース上の限りがあるために、表現がスローガン的な単純化されたものにならざるを得ない特性がある。デモや集会におけるシュプレヒコールなども同様であり、いわゆる定型的な「決まり言葉表現」とでも呼びうるものといえるだろう。

†その重要性

こうした、一般の表現行為に比して攻撃的でかつ事実の適示という意味では不正確になりやすい表現であるという特性を無視して、通常のたとえばマスメディア上での表現と同一の基準でその表現内容の是非を考えることは、相対的にプリミティブ表現に対し抑制的になることを意味する。これは事実上、表現の可動域を狭めることであって、憲法が保障する表現の自由の保障が実効的に保障されないことに繋がる恐れがあると言わざるをえない。

しかもその種のプリミティブ表現行動は、限定的な空間でなされることが一般的である。すなわち、いわゆるマスメディアのように広く不特定多数にばら撒かれる表現形態とは全く異なるのであって、特定対象に対する抗議活動の一環として実行される。したがって、それがマスメディアやインターネット等により二次的に拡散されない限りにおいて、広く一般市民にその表現が直接的にリーチすることは通例考えられない、いわば限定的空間の中での表現行為である。

こうした表現方法・態様に起因して、表現内容が受け手にとっては一見耐え難い内容になりうる可能性を包含するものであるとしても、表現形態の特性としてやむを得ないものであるし、その伝播は限定的であって、表現の対象となった者は一定程度甘受せざるを得ないと考えるべきである。それを認めないと、民主主義社会においてマイノリティが自らの声を社会に訴えるルートを閉ざすことになり、憲法が保障する表現の自由の趣旨に反するからである。

すなわち、これらプリミティブ表現（大衆表現）においては、通常の表現行為と同様の基準を当てはめることは相応《ふさわ》しくなく、それが暴力を誘発するなどの恐れがなく、「平和的」になされている限りにおいては、広く認められることが必要である。またその限界性をはかる基準としては、当該表現のもととなる行動原理との整合性を問うことも可能であろう。

当該表現が、被表現対象にとって不快な感情を巻き起こしたり、場合によっては怒りをかきたてるような表現であったとしても、ある種の抗議活動にみられる一般的定型的な表現活動の範囲にとどまる限りにおいては、広く社会がその表現活動を受容することこそが、成熟した民主主義社会の証しといえるからである。仮に警察権限の行使によって事件になったとしても、裁判所は、民主主義社会の存続・発展には不可欠のプリミティブ表現における特性を踏まえた一般的限界性を議論することが求められている。

別の言い方をすれば、前に述べた「不快・喧嘩・定型」表現内容であって「限定的」な空間における表現態様は、まさにプリミティブ表現の典型的な表現行為であって、言論公共空間の中で可能な限り広く許容することによってこそ、総体としての表現の自由が実効的に保障されることになる。そのときに求められる規制根拠は、明白かつ現存する危険基準を当てはめることが妥当であるということになろう。

こうした具体的な差し迫った危険の存在といったような明確な規制理由がないまま表現内容に厳格な正確性を求めたり、他の外形的形式的な違法性を問うことは、当該表現形態の性格を全く顧慮していないものと言わざるをえない。だれをもまったく傷つけることなく、厳格な意味で正確あるいは秩序を乱さない表現であることを求めるとなると、極めて簡潔に、相手の胸に突き刺さるようなスローガン的な表現や、相手にプレッシャーを与えるような恣意的な活動は、全く認められないことになる。

ましてや、抗議対象が成し遂げたいと思っている行為に対する表現活動である以上、何らかの影響があるのが当然であって、遂行に支障があるという理由で表現行為を禁止するといったことは、表現の自由の否定そのものである。抗議活動によって、被表現対象者に不快の念を惹起せしめ、時に通常の活動に無形のプレッシャーを与えることで多少の障害が発生することもあるかもしれない。しかし、そうした心理的な圧迫感も含めたプレッシャーを与えることこそが、こうした直接的な表現活動の目的であるといえ、これを否定することはこの種の表現行為自体の否定につながりかねない。

しかも、このような抗議活動はもっぱら被対象者の現場近辺で行われることが一般的であり、その伝達・影響範囲は限定的である。それからすると、辺野古新基地建設をはじめとする米軍基地周辺での抗議活動は、まさにこの範疇であって、そこで行われる言動は先に挙げたプリミティブ表現行為の特性そのものであって典型例であることが分かる。

そうであるならば、その表現を規制することが緊迫した具体的な守るべき法益がある場合（古典的な事例でいえば、真っ暗な上映中の映画館の客席で、突然「火事だ」と叫ぶことによって観客を恐怖と混乱に陥れるような「表現」行為を認めない）において、表現の自由は例外的に規制が許されるということだ。

ましてや、企業活動といった経済的自由（たとえば、大音量によって企業活動が物理的に中断するとか、威迫によって従業員がおびえ仕事が手につかないなど）によって表現の自由を規制する場合においては、より厳密に規制の是非が問われるべきであって、規制による保護法益が自由を認めることを遥かに上回るようなものであるかどうかこそが、判断基準になるべきだ。そうした事実が沖縄の現場で生じているとは思えない。

したがって、そもそも表現行為の規制のあり方・基準自体にも問われるべき点があるうえ、通常の表現活動と同列において、プリミティブな表現行為の限界性を判断すること自体が、憲法の表現の自由の趣旨を理解していないと言わざるをえない。さらにいえば、いま辺野古等で行われている「平和的」な抗議活動で問題とされた程度の表現までも、それらを認めないということになれば、総じてこの種の表現活動を事実上厳しく制限・禁止することにつながり、憲法で認められた表現の自由を大きく損なうことになる。

†「ニュース女子」事件

こうしたメディアの加担状況が広がる中、さらに大きな問題が発生した。在京テレビ局の一つである東京メトロポリタンテレビジョンが、二〇一七年一月に放映した「ニュース女子」である。この番組が、まさに「沖縄ヘイト（憎悪）」ではないかとして問題となったわけである。なお、この番組のベースになったのは、「沖縄へリパッド『反対派』の『無法地帯』現地レポート」（『週刊新潮』二〇一六年十一月三日号）とされている。

ジャーナリズムの基本は、事実（ファクト）をきちんと伝えることだ。放送法上も事実報道が規定されてはいるが、そうした規定があろうがなかろうが、番組の作り手にとって最高位の倫理であることは間違いない。実際は、時間の制約や物理的限界から、その時点で取材者が最も真実に近いと思うことを伝えることになるわけで、判例上もそうした事情を勘案して、「真実相当性」といった特別ルールを作って、結果として事実でなくてもその姿勢を認めて、法律上は罪に問わないといった仕組みを用意している。しかし倫理上、その際には真摯に真実追及の努力をしたか、真実ではない可能性を常に考慮して誠実に報道内容を伝えたか、といったことが厳しく問われることになる。

この点からすると、当該番組の作り方は杜撰との批判を免れまい。放送された映像からすると、十分な取材を「しない」言い訳として、取材現場が危険なため「できない」としている。しかしそれは、取材放棄ともいえる行為そのものであるうえ、それ自体が視聴者に「反対派は怖い」というイメージを醸成させる役割を果たしている。はじめから結論ありきで、いわば基地反対運動を誹謗中傷することが目的とすら思える番組構成だからである。

取材において、結論に当てはめて都合の良い「目の前の事象」のみを取り上げ、それをもとに持論を展開する形式をとっているが、これはまさに、いま流行の「もう一つの真実」を地で行く手法だ。「真実」と言っているものの、その内実は「フェイク・ニュース（嘘）」そのものとの指摘がなされている。これが問題の一つ目だ。

二つ目として、番組の作り方は、「事実と意見の峻別」という報道ルールにも反するのではないか。あくまでも、実際に取材をして得た証拠（エビデンス）に基づく事実と、それに基づいて述べる自分の主張・論評は明確に分けて番組を作る必要がある。しかし当該番組の場合は、レポーターがその両方の役割を兼ね、都合の良い事実に基づき結論を誘導する解説を付したうえで、さらにスタジオコメントを行うという構成になっているからだ。

もちろん、主張は一方的でもよい。言論の多様性という観点からは、テレビメディアでは取り上げられることが少ない見解（この番組がいう「マスメディアが取り上げない『本当の真実』」）が紹介されることにも賛成だ。しかし、嘘あるいは嘘かもしれない事柄を基にした意見は、いわば「悪意を持ったデマ」の類いであって、それは嘘の報道同様、報道倫理上許されない。出演者の意識は知る由もないが、そう思われかねない作り方ということになる。

【ニュース女子事件概要】

東京メトロポリタンテレビジョン（TOKYO MX）が放映した番組「ニュース女子」の沖縄を特集した回が、沖縄での米軍基地建設反対運動を誹謗中傷するものとして問題視された事件。同番組は、いわゆるバラエティ色が強い報道情報番組で、コメンテーターと女性ゲストの掛け合いで番組が進行するスタイル。

制作は、化粧品大手ＤＨＣグループ「ＤＨＣシアター（現・ＤＨＣテレビジョン）」で、スポンサーが制作費などを負担し、制作会社が番組を作り、放送局は納品された完成品（完パケ）を放送する形態をとっている。一般に、持ち込み番組と称されている。インターネット上で動画配信（YouTubeの「ＤＨＣテレビ」公式アカウント）および、ＢＳ・ＣＳ放送の有料チャンネルや地上波テレビでも放送。

なお東京メトロポリタンテレビジョンの有価証券報告書によると、同社の二〇一六年度販売実績及び総販売実績に対するＤＨＣ（株式会社ディーエイチシー）の割合は、二〇億八三〇〇万円、一一・五％で、前々年より額で約一〇億円、割合で一〇ポイント落としているものの、二位以下を大きく引き離し同社の屋台骨を支えている状況に変わりはない（有価証券報告書オンライン閲覧サービス「有報リーダー」から）。

一七・一・二　「ニュース女子」第九一回で、「沖縄緊急調査 マスコミが報道しない真実」「沖縄・高江のヘリパット問題はどうなった？　過激な反対派の実情を井上和彦が現地取材！」などと題し、沖縄・高江の米軍ヘリパッド反対運動を報じた。番組内で、抗議活動をする人を「テロリスト」と表現、「日当をもらっている」などと伝えたことが番組放映後、問題視された。

一七・一・五　名指しで批判された反差別の活動を行っているNPO団体「のりこえねっと」が抗議声明を発表。

一七・一・九　「ニュース女子」第九二回で、「『ヘイト』『捏造だ』と抗議殺到」として反論を報道。

一七・一・一六　番組内で、「一月二日に放送しました沖縄レポートは、様々なメディアの沖縄基地をめぐる議論の一環として放送致しました。今後とも、様々な立場の方のご意見を公平・公正にとりあげてまいります」とのテロップがナレーションとともに流れた。

一七・一・二〇　DHCが、「一方的に『デマ』『ヘイト』と断定することは、メディアの言論活動を封殺する、ある種の言論弾圧であると考えます。DHCシアターでは今後もこうした誹謗中傷に屈すること無く、日本の自由な言論空間を守るため、良質な番組を製作して参ります」と見解を発表。

一七・一・二七　のりこえねっとが、放送倫理・番組向上委員会（BPO）に人権侵害の申し立てを行うとの会見を開催。

一七・二・二　東京新聞が論説主幹名で、ニュース女子の番組司会を同紙論説副主幹が行っていることについて謝罪。これに対し副主幹は、「処分は言論の自由に対する侵害」と反発。

一七・二・一〇　BPO放送倫理検証委員会が、審議入りを決定。

一七・二・二〇　MX番組審議会が、検証番組の放送や考査体制の再構築などを、局に「意見書」として要請（二八日に同社ウェブサイトで公開）。

一七・二・二七　MXが、「番組内で伝えた事象は、番組スタッフによる取材、各新聞社等による記事等の合理的根拠に基づく説明であったと判断しております」などとの見解を公表、検証番組の制作を公約。

一七・三・一三　「ニュース女子」第一〇一回として、「沖縄取材第2弾」をYouTubeのDHCシアター公式アカウントで動画配信。改めて、放送内容の正当性を主張する内容。なお、同動画配信分は一七日にCSで放送、MXほか地上波テレビでは放送されず。

一七・五・一六　BPO人権委員会が申し立てを受け、審理入りを決定。

一七・九・三〇　MXは、基地問題をテーマにした報道特別番組「沖縄からのメッセージ～基地・ウチナンチュの想い～」を放送。問題となった回を直接検証する内容ではなかった。

一七・一二・一四　ＢＰＯ放送倫理検証委員会は、同番組について「重大な放送倫理違反」とする意見書を公表。完パケ番組に関する考査の在り方を問題視。ＭＸは、対応と取り組み状況を三月と五月に委員会に提出、了承。ＤＨＣシアターは一月の見解を変更せず。

一八・三・一　ＭＸは、ニュース女子の放映終了を発表。ＤＨＣテレビはそのまま継続中。

一八・三・八　ＢＰＯ人権委員会は、名誉毀損の人権侵害が成立、放送倫理上の問題もあったとして勧告。ＭＸは、六月に報告書を委員会に提出、了承。

一八・七・二〇　ＭＸは、辛淑玉のりこえねっと共同代表に対し謝罪、謝罪文を同社ウェブサイトに掲出。

一八・七・三一　辛淑《しんす》玉《ご》のりこえねっと共同代表は、ＤＨＣテレビジョンと番組司会を務めた長谷川幸洋東京新聞・中日新聞論説副主幹（当時）を名誉毀損で提訴。

今回の番組出演者が、基地反対運動を過激派とレッテル貼りする一方で、総務省に「放送の政治的公平」を求めたり、特定の番組・キャスターを「偏向報道」と批判していることも気になる点だ。いわば、自分たちの信じることのみが「真実」であると言わんばかりの対応だからだ。時に応じて使い分けをしているといえるが、あえていえば共通点は、辺野古新基地建設への反対など、現政権に対する批判は認めない、ということにならないか。

さらに三つ目には、メディアが分断を煽っていることの問題性だ。最初に「きちんと事実を伝える」としたが、当然、その時々の事情によって「配慮」が求められることがある。その典型例が匿名報道で、人権等に配慮して人物が特定できないよう名前を秘したりしている。当該番組でもモザイクをかけた場面が出てくるが、これはまさに、制作者が人権配慮をしている証拠だ。

同様に、社会的責任を有するメディアとして、「人道配慮」からみて好ましくない報道姿勢がある。たとえば、戦争をけしかけるような報道はその一つといえるし、社会の分断を煽るような報道も控えるべきものだ。しかし番組は、「反対派＝悪」のレッテル貼りによって、意図的に二項対立の構図を作り分断を煽っている（ちなみに、「ニュース女子」の配信元であるＤＨＣの吉田嘉明会長によれば、当該番組による攻撃対象は、沖縄というより米軍基地反対運動にかかわる在日コリアン［彼の言葉だと「在日帰化人」］ということになるようだ）。

†消極的な加担

主張が一方に偏ることはあっても、別の見方を全否定し、しかも人格的にも認めないような扱いをすることは、メディアの在り方として好ましくなかろう。社会に存在する〈違い〉を認め合うことで、私たちは強くなっていくのであって、メディアもまた、その立場から番組を作ることが求められている。

しかしこうした状況は今回の番組だけに当てはまるものではないところが、今日における最大の問題でもある。このような番組が流されて、東京の視聴者は驚き、問題になった。しかし、これはいまに始まったことではない。前段で振り返った大阪府警機動隊員による「土人」「シナ人」発言があった時は、関西圏で発言を擁護するかのような報道があり、もともと悪いのは沖縄県民側という論調になった。

さらにはこうした「積極的な加担」の一方で、多くのメディアの「消極的な加担」といえる状況も進んでいる。政府の沖縄メディアに対する抗議や、政党や政治家の偏向報道批判を、多くの新聞やテレビが「そのまま」伝えることで、結果として沖縄に対する偏見が広がってはいないか。山城議長逮捕をストレートニュースで伝えることで、「反対運動をしているのは、危ない人たち」とのイメージが定着しつつありはしないか、という問題だ。

これらは、政権の政治的意図と結果として一致を示すものでもあって、この状況を変えるためには、いま問題となっている「嘘ニュースが事実を書き換える」状況を放置することなく、主張を超えて各メディア自身が誤りを正す報道をし続けるしかあるまい。

3　フェイク・ニュース

†フェイクの悪循環

抵抗勢力を仕立て、自身の「政敵」を駆逐することは古典的な政治手法だし、その勢力の一角に既存マスメディアを組み込み、自身への批判を守旧派の戯言《たわごと》と位置付けることも珍しいことではない。むしろ近年の日本においても、「小泉劇場」と称された小泉純一郎政権による党内敵対勢力および野党に対する攻撃はその典型例であるし、小池百合子・現東京都知事も同様であるといえるだろう。

ドナルド・トランプ米国大統領の手法は、さらにそれを「純化」させたものともいえ、単に政治的選択として自分が正しいというだけでなく、自身の政策（とまでいえないような考え方も含め）に反するものの存在を一切認めない、という強い姿勢にその特徴がみられる。そしてこの攻撃対象に、自身を批判する報道を定め、そうしたメディアの存在を許さないという特徴もある。

すなわち、大統領就任前もその後も変わることなく一貫して、自身に都合の悪い情報をことごとく「フェイク・ニュース」と決めつけ、逆に伝えたい内容を「オルタナティブ・ファクト」と称して正当化してきている。フェイク・ニュースの構造としては、政治的意図、愉快犯、ビジネスの三類型があるとされているが、いま起きていることは、もっとも典型的な政治的意図を持った〈プロパガンダ〉といっても差し障りがないものだ。

大統領は一七年二月に「偽ニュースメディア（ニューヨーク・タイムズやNBC、ABC、CNN、CBS）は僕の敵ではなく、米国民の敵だ！」とツイートして以来、同様のフレーズをたびたび使用してきた。これに対し、一八年七月にニューヨーク・タイムズ社主のA・G・サルツバーガーが大統領との懇談席上で本人に直接、「ジャーナリズム全般への攻撃を考え直してほしい」と伝えたほか、全米で三五〇を超える新聞が同年八月十六日付の社説で、「ジャーナリストを敵呼ばわりすることは、民主主義の根幹を脅かす」などと訴えた。

また、米議会上院でも「報道機関は国民の敵ではない」との決議を採択している。しかし一方で、世論調査によると、国民の一割以上（共和党支持者では二割以上）が、大統領が主要メディアを閉鎖することを是としているとも伝えられる。大統領はすぐに「（メディアの）大半はフェイクニュース」とツイートするほか、同月十八日に、「『右』の声を削除するソーシャルメディア」を検閲であると非難しているが、こうして繰り返される〈メディア＝敵〉プロパガンダが、着実に定着してきているともいえる状況だ。

しかしまたこの状況も、日本において特段目新しいものではない。安倍晋三首相はとりわけ第二次政権以降、「異論は認めない」という姿勢を明確にし、一部の既存メディアを言葉激しく罵倒し、その存在を否定してきた経緯があるからだ。しかもそれは個人的キャラクターにとどまらず、同政権の特徴として政府そして政権党全体に共通する基本的な行動規範となりつつある。

さらに米国では、大統領会見で特定社の報道をフェイク・ニュースと断じて質問も受け付けず、大統領報道官の懇談（会見）からは特定社を排除するなどの行動に出ている。これについても日本では、すでに何年も前から、地方自治体の長や政党代表者が、自分の意に沿わない（自分に批判的な）メディアを排除するということが続いているのである。

ただしこうした日米の状況が続き、むしろ政府姿勢に支持が集まるのは、一方的なプロパガンダ政策の成果というより、むしろそれを積極的に受容する市民社会が存在するからである。それはジョージ・オーウェル『一九八四年』との相違点でもあるが、決して秘密警察が暗躍しているわけではなく、むしろ居心地のよい情報を求める多くの一般市民がインターネットを介して、嘘情報を確認することもなく拡散させている現実があるということとだ。人々が政府の大きな嘘を見抜けないのではなく、むしろ進んでオルタナティブ・ファクトを受け入れているということになる。

†フィルターバブル

こうした嘘を正当化し異論を認めない姿勢と、真偽を確認することなく感情の赴くままにネット上で拡散する行為には、通じるものがある。オルタナティブ・ファクトという名の虚偽がどんどん増えると、本当の真実がわからなくなり、かつ同時並行的には、嘘でも「それが事実だ」として繰り返されることで、事実として受け止められる事態を生みつつある。人々は自分の都合の良い方、受け入れやすい方を選択しやすいし、こういうことが積み重なっていくと、白を黒とする社会、嘘でも受け入れやすい社会になってしまう危険性があるということだ。

実際に、こうした真実の書き換えが日本ではここ十年大きな問題になってきている。それは教科書検定における沖縄戦や南京虐殺、あるいは慰安婦といった、主として第二次世界大戦中の日本（軍）の加害責任に関する史実に関してである。そこでは、「歴史の上書き」が行われ、歴史的事実の嘘による書き換えがなされつつあるからだ。

こうした状況は、「フィルターバブル」という言い方で知られている、ネットユーザーがその人が望むような情報を選択的に表示する検索サイトのＩＴ技術によって、自分の見方に合わない情報からは隔離され、自分の思想的バブル（皮膜）の中に孤立するようになっていくさまを表している。それは、一見、情報洪水のようでありながら、特定の情報のみが拡散するという「エコーチェンバー（共鳴室）」といった問題につながり、フェイク・ニュースが流通する基盤となっている。

まさにインターネット社会の特性といえるが、溢れる情報の海の中で、本来であればかつてより多様で様々な事実や意見に接することができるはずにもかかわらず、より自分と考えを同じくするような身内と狭いネットワークを組み、ある意味で片寄った情報の中で生活をする結果を生んでいる。そのために、ますます自分にとって都合がよい、耳触りがよい情報や考え方に吸い寄せられる結果を生んでいる。

そして為政者側も、例えばフォロワーの多さやリツイート数などに自信を得て、より異論排除の傾向を強めてはいないか。そうしたなかで政治家も含めた社会全体が、個々人向けに誂えられた検索結果や登録した居心地のよい「友達」のなかで、自分の理屈に合う情報に接し、それにたとえば「いいね！」ボタンを押すことで、即座に拡散するという「悪循環」に陥ることになる。まさにこれこそが、分断の構図そのものである。

†プラットフォーム事業者の責任

その一方で、自由であるがゆえに、ネット環境が個々人を苦しめる状況も生じている。いったんインターネットに流れた情報は、事実上、未来永劫ネット上を浮遊し続けるという問題だ。それがもし、当事者にとって「負」の情報であったとしても同じことで、当然、本人は削除を求めるものの、いったいそれを誰に言っていいのか、言ったところで実現するのか皆目わからない状況がある。

この問題は、前段で扱ったフェイク・ニュースと何の関係もないように見えながら、ネット上に流通する情報に誰が責任を持つのかという点で共通する問題である。一般には、表現内容に責任を持つのは、その表現行為を行った者であり、場合によってはそれを広げた者であるといえる。書籍であれば、著作者と出版社（編集者）ということになるわけだ。

ネットの場合、当然ながら表現者もそれをリツイートしたり、転載した者がいるのではあるが、たとえおおもとの表現者を見つけ出し（それさえ大変な作業であるが）、場合によってはその書き込みを削除させることに成功しても、その成功はネット上にすでに拡散している情報を止めることには、ほとんど何も効果がないからだ。だからこそいま、そうした情報の拡散に事実上大きな力を貸している、いわば「プラットフォーム事業者」に大きな焦点が当たっている。

具体的には、まとめサイトにせよ検索サイトにせよ、このプラットフォーム事業者と呼ばれるネット企業が、情報の拡散や再生産を担っているといってよい状況だからである。たとえば、グーグル検索は、一定のアルゴリズムによって、情報の海から関係情報を拾い出してくる。もちろん、拾い上げられた情報の対象者の意向とはまったく無関係にだ。そして検索結果の上位に位置づけられた情報は、その真偽や本人の意向とは関係なく、さも重要な情報のように、あるいはあたかも真実のように扱われることになる。キュレーションサイトの場合は、そうしたサイトで紹介されることでさらに見た目の信頼性という衣を着ることになり、加速度的に拡散していくことになる。

こうしたプラットフォーム事業者の責任が、世界各地の法廷の場で争われるようになっている。いわゆる「忘れられる権利」訴訟だ。日本でも二〇一七年一月三一日の最高裁判決は、そうした意味で大きな注目を集めることになった。グーグルの検索結果で、前歴表示されるのは人格権侵害に当たると訴えていた事件であるが、削除の仮処分申し立てに対し、裁判所は削除を認めない判断を示した。その一方で、「プライバシーを公開されない利益が、検索サイトの表現の自由と比べて明らかに優越する時には削除が認められる」と、表現の自由の制約にハードルを設けつつも、削除への道を開くものであったからだ。

†忘れられる権利をめぐって

最高裁が削除の条件としたのは、①書かれた事実の性質や内容、②公表されることによる被害の程度、③その人の社会的地位や影響力、④記事の目的や意義、⑤掲載時の社会的状況とその後の変化、⑥記事などでその事実を書く必要性、の六点であった。これらは従来のリアル社会におけるプライバシー侵害の評価基準に沿うものであって、「時の経過理論」として知られる、時間の経過によってプライバシーの範囲はいわば復活するとの考え方にも合致するものになっている。

そもそもプライバシー権は、センセーショナリズムを代表とするメディアの行き過ぎを制約することを大きな目的として登場した判例理論であることもあって、一定程度表現の自由に対し制約的である側面がある。それからすると、最高裁は表現の自由を重視した判決ということができる。ただしここでの着目点は、グーグルの「機械的に結果を表示しているだけで「表現」ではなく、削除請求は元のサイトにすべきだ」との主張を退けた点にあるだろう。

すなわち、プラットフォーム事業者の流すコンテンツ（表現内容）に誰が責任を持つのかという命題に対し、「（検索結果は）表現行為の側面を持つ」ことを認め、事業者は「現代社会における情報流通の基盤として大きな役割を果たしている」としたからである。

忘れられる権利に関しては、これまで一五年十二月の地裁判決で「ある程度の期間が経過すれば犯罪を社会から「忘れられる権利」がある」と述べ、削除を命令したのに対し、一六年七月の高裁判決では「法で定められた権利ではない」として削除命令を取り消していた。それからすると、最高裁はこの点には触れることはなかったものの、「プライバシー保護の利益が明らかに上回る場合」には削除を認め、一定程度の理解を示す一方、従来のリアル社会における判断基準より厳しい「明らかに」というハードルを設けた。

このことは、よりインターネット上のプラットフォーム事業者に配慮を示したともいえる。しかしそれは、表現の自由の幅を広げたかといえば、明確にメディア事業者とはいえないなかでの、過渡期としての判断とも取れるものであって、むしろ今回の「猶予」判決を受け、各事業者が自主的に社会的責任を発揮することが求められたと取るべきではなかろうか。

その意味では、忘れられる権利が認定されなかったことを受けてグーグルは、「歓迎」の意向を示したと伝えられているが、事業には影響しないと開き直ることなく自主的な対応をより進化させることが求められる。実際、EUでは一二年に「忘れられる権利（忘れさせる権利、消去権）」がEUデータ保護指令に追加され、これを受けグーグルもリンクの切断（見た目上の削除ではあるが、そのデータ自体を消しているわけではないので、検索条件を変えれば閲覧は可能である）などの措置をとっている。

それからすると、今回問題となった前科前歴といったプライバシー情報だけではなく、むしろヘイトスピーチなどの差別（憎悪）表現への対処を含め、より積極的な対応を示すべき時期にきているといえる。同時に、明らかな虚偽といえるフェイク・ニュースの拡散や、明白な差別行為の煽動に場を提供することは、いわば消極的加担にほかならない。その自主的なチェック対策に、事業体としてコストをかける必要があるだろう。

具体的には、リアル社会では販売が許されない被差別部落出身者を明示するような「部落年鑑」をインターネット上で公開する行為は、社会として認めないというルールを作っていく必要がある。その一つとして、ネット上でも事業者の自主的な取り組みとして、ユーザーとの契約に則って削除したり、リンクを切断することが必要で、そこでのプラットフォーム事業者の役割は大きい。

一方で新聞社や放送局も、事件・事故報道を自社のウェブサイト等で報道するのが一般的であって、それが一定期間、ネット上で掲出される状況にある。さらには、こうした情報を無断でコピーし、いわゆるまとめサイトに転載する行為もまた一般化している。そうであるならば、違法かどうかは別として、事実上、いったんネットに掲出した情報は、ネット上を浮遊するという現実を踏まえた対処をとらざるを得まい。たとえば、報道による社会的制裁が刑事罰を遥かに上回るような「微罪」は報道しないといった、事件報道そのものの在り方の再確認や検討も求められるだろう。

†メディアの社会的役割

二一世紀はインターネットの登場と情報公開制度の導入で、情報の共有が進み、市民が真の情報主権者となる時代がやってくると期待された。しかし現実は、そう甘くはなかった。しかも人々は、ソフトニュース（主として芸能・エンタテイメント情報）を志向し、それを受けて作り手もさらにそうした情報（ニュース）への傾斜を強めている。この傾向は個々のコンテンツのアクセス数で広告収入が左右されるネット・ビジネスにおいて、より強い傾向を示している。

一方で、従来のマスメディアは一定の教育を受けた「プロ」ジャーナリストが表現者として存在していたし、しかも幾重にも内容チェックを行う「ゲートキーパー」がメディア機関の中に存在していた。しかし今日のネット環境の中では、思ったことを感情の赴くままに即座に世界中に向けて発信できる環境が整備され、プロとアマの境目は限りなく低くなっている。むしろ「プロ」は胡散臭い対象として疎まれる存在といってもよい。実際、米国ではトランプと既存メディアのどちらを信頼するかの世論調査では、ほぼ拮抗の数字が続いているし、日本では大マスコミの信頼度が低下し続けている。

まさにこうしたニュースの生産・流通構造自体が劇的に変化し、その中で誕生したのが「トランプ（あるいは安倍）なるもの」ということができるだろう。しかし思い起こせば、いまや「理性メディア」の雄とされる新聞でも、例えば日本の場合、明治の初期の誕生期には、噂話を面白おかしく書き並べ、社会の耳目を集めていた新聞もあった。新しいメディアとは所詮そういったものだ、と思う方がむしろ自然ということだ。そうであるならば、成人期を迎えつつあるネットメディアが、二一世紀のデジタル・ネットワーク社会にあった社会的役割の果たし方を示す時がきたといえるだろう。

二〇一八年二月には「インターネットメディア協会」（仮称、ＪＩＭＡ）の設立準備会が発足、インターネット上で情報を発信するプラットフォームやメディアを対象として、インターネットメディアの信頼性向上に向けての取り組みが具体的に始まっている（設立準備会の発起人は、スマートニュース社執行役員の藤村厚夫、バズ・フィード創刊編集長の古田大輔など）。一八年夏現在は、まだガイドライン作りの途上とのことであるが、まずは「当たり前」のことから実行するということになるという。具体的には、修正の履歴を残すとか、情報発信の責任者を明示するなどである。

リアル社会のメディアにおいては、わざわざ確認するまでもなく当然の事項が、ネットメディアにおいては必ずしも常識になっていないということだ。ＤｅＮＡ（ディー・エヌ・エー）が運営していた医療系サイトＷＥＬＱ（ウェルク）の問題などで顕在化した、何でもあり状況に歯止めをかけるためには、読者が判断できる信頼性基準や判断材料を示すことが大切だろう。

フェイクの拡散にさらされている社会において、媒介となっているのは紛れもなくメディアであり、いまやそのメディアが社会の分断に加担をしているという構図がある。これまでそうした意味では「無責任」であることを良しとされてきたネットメディアが、ようやく自らその責任を自覚し行動することを求められるようになったということだ。

一方で、既存の伝統メディアたる新聞や放送も、その存在感を示すことができるかどうかの勝負の時期にある。それは紛れもなく読者・視聴者から「真実を得られるメディア」として認知されることである。その条件に該当するかは、高水準のジャーナリズムと報道倫理を維持していることを具体的に示すことができるかどうかだ。

希薄化しているとされるジャーナリズムのありようが、分断化に直面する社会において今後の民主主義の行く末に重大な意味を持っている。

第五章

偏向

1 公平とは何か

†偏向＝絶対悪の思い込み

今日、一般にいわれる〈偏向〉報道批判は、いわば「公平」論議の裏返しともいえるものだ。たとえば、沖縄二紙は偏向している、テレビ報道は偏っているという主張があるが、それらは、報道は「偏向してはならない」のであって、その意味するところは「公平」でなければならないということに行きつくのが一般的だ。

新聞やテレビの報道は多様性・公平さに欠けるという理由で、具体的なリアクションとして、政府からの抗議、度重なる行政指導、自民党による抗議・要請、市民団体による糾弾、放送法違反の意見広告などが行われてきている。ではここにいう「偏向」とはそもそも何なのか。

「人様を一方的に非難するときに使うのではなく、「私の見方は偏っているのだろうか」と自分向けに使うのがいいのではないか」という一文に出会った。「偏向」しているかどうかの基準は、まさに自分の立ち位置によって、人の見方が一八〇度変わるような、主観的なものである。その意味でこの言葉は、「偏向」を他人への評価基準として使用するときの、心構えといえるだろう。本来的には、客観的基準になり得ないものではないかとも思える。

そもそも、平等とか公平という概念自体、まだまだ新しいもので、社会の中で成熟しているとは言い切れない。それからすると、〈公平＝絶対善〉を前提としての〈偏向＝絶対悪〉自体も相当程度怪しい観念であるとは言えないか。それを見事についたコピーが、「偏ってますが、なにか」（神奈川新聞「時代の正体」）であり、「公正への信仰を覆す(Against fairness)」（ステファン・アスマ）であろう。

しかし一方で、すでに現存する「偏向批判」やそれに伴う「偏向イメージ」を放置することは、いくつかの理由から問題がある。とりわけそれは沖縄問題においては、沖縄メディアへの信頼性の低下や、沖縄の孤立化を招くからである。

†信仰に近い「公平」絶対主義

昨今の公平論議には三つの流れがある。現政権批判は許さないといった「偏向報道批判」、マスメディアの情報コントロールは酷いといった「情報隠し批判」、そして古典的客観中立報道主義を標榜すること自体が自分の首を絞めているともいえる「客観報道批判」である。これらの根底には、日本社会全体を強く縛っている「公平」絶対主義がある。メディアは絶対的に不偏不党で中立公平であらねばならないという、いわば信仰に近い思い込みだ。

先に触れたように、二〇一八年三月に突然降って湧いた放送制度改革においても、この公平問題が浮上した。官邸が主導する放送と通信の統合政策を進める過程で、放送法を事実上なくして放送制度を解体し、通信に統合しようというアイデアが示されたことに端を発する。具体的には放送法にかかっている様々な規律を撤廃し、ネット同様に自由に「放送(動画配信)」を行うというものだ。

この放送法をなくすというアイデア自体はとても危険で、放送法は「自由のための規制」であって、政府が悪いことをしないように縛っている法律であることから、この法律をなくすことは政府が通信・放送分野で自由な振る舞いができることを認めることになってしまう。ただでさえ、政府がここ四半世紀、放送分野に魔の手を伸ばし、番組内容にまで口出しをしてきているなか、さらに遠慮のない介入が進む可能性が高く、表面上の自由獲得が実質的な自由を奪うという意味で、看過できない新政策といえる。

それとは別にこの時にも、放送法の規律の一つである「政治的公平」を定めた四条が撤廃されると、偏向した番組を自由に流すことができ、結果として先に触れた「ニュース女子」のような番組が増えるのでよくない、という意見が数多く出された。確かに、現在のような「行儀のよい」番組ばかりではなくなるかもしれない。その中には、今まで以上に主張が強い番組も出てくるだろう。しかしそれ自体は批判の対象ではなかろう。

もちろん、その番組内容が報道倫理に合致しないような放送は流されるべきではない。その意味で「ニュース女子」は前述の通りもってのほかではあるが、それとこれとは別、である。むしろ、放送に中立公平を必要以上に求めることが、いまの放送現場を息苦しくしている側面が強い。

一方で、中庸報道がジャーナリズム倫理上、否定されるべきものかについては難しい課題だ。アメリカではかつて、通信法制（日本の放送法制）上、フェアネスドクトリン（公正原則）と呼ばれる、数量公平を求める放送ルールがあった（一九四九年に米連邦通信委員会が導入を決めたもの）。しかし、言論の自由を妨げているとか、相手方に反論の機会を与えることで放送局への制約が大きすぎるなどの反対意見が強く、八七年に廃止された。

その結果、放送局は「中立性」よりも、視聴者確保のために党派性が強い「偏った」番組を作る傾向が強まったとされる。その一つが、九〇年代に流行した保守系ラジオ番組（一般に「トーク・ラジオ」と呼ばれた）で、ホストの過激な発言や人種差別的発言がたびたび問題となった。また、保守系ネットワークFOXの誕生も、この規制撤廃が起因しているとされる。

これらのいわば非「中庸」番組が、社会の分断化を招いたのではないかという指摘がある。一定程度の中立性を求めることが、行き過ぎた言論の歯止めになっていたということだ。日本でもすでに触れたとおり、放送法の規定に拘束されないインターネットラジオ等では、沖縄ヘイト番組が一定層の支持を得ている。それからすると、もし日本版「公正原則」である放送法の政治的公平ルールがなくなると、偏向報道が増えるのではないかと危惧されているわけだ。

偏向批判の元凶

しかも、最初のカテゴリー分けに戻るなら、第一の偏向報道批判は、もっぱら保守系メディアのキャンペーンとして行われていることが多く、その逆はほとんど見られないのが特徴である。たとえば、沖縄メディアに対する偏向報道批判がその典型であって、その逆の、たとえば辺野古移設賛成の主張を強く打ち出すメディアに対して、偏向批判がなされることは一般にない。

したがって、現在行われている偏向報道批判は、主として保守系メディア・識者から政権に批判的なメディアに対する攻撃とオーバーラップしており、それがいまでいえば朝日新聞であり、沖縄地元二紙への集中攻撃となって現れている。そして、これらメディアへの批判は、偏向だけではなく、記事が捏造であるとの批判も多い。こうした偏向・捏造批判が、首相をはじめとする自民党議員の発言とも重なっている傾向がある。

朝日新聞記事を捏造と断罪する批判本については、当事者間（朝日新聞社と著者）で名誉毀損等の訴訟が起こされているし、少し前の慰安婦報道をめぐる植村隆訴訟（本人と『週刊文春』やその著者）も同じ構図である。しかもこうした言説を、まさに首相自らが発信している現状がある。

たとえば、一八年二月十一日のフェイスブックで安倍首相は、和田政宗議員の投稿に対し「哀れですね。朝日らしい惨めな言い訳。予想通りでした」と書き込んでいる（画像参照）。それが本物かと問われた二月十三日の参議院予算委員会の席上で、一方的な朝日批判を展開した。朝日新聞を名指しして「捏造」新聞とするもので（同様の発言は、一四年十月二八日にも行われている）、ネット上ではこの発言を高く評価し、朝日を廃刊に追い込むべしとの言説が溢れているのが実態だ。

この首相発言（および首相発言を持ち上げる委員会議場の雰囲気）と、これに対する大手メディアの対応は重大な問題を孕んでいる。まず首相は、一貫して自分には「言論の自

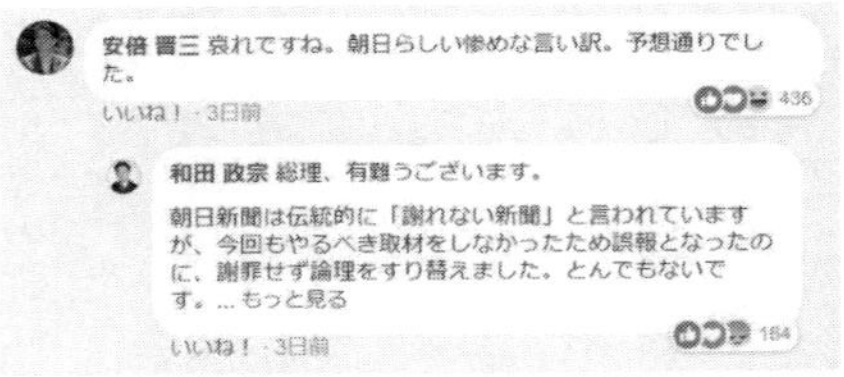

安倍晋三─Facebook（2018年２月11日）
https://www.facebook.com/permalink.php?story_fbid＝760791610771593&id＝1000005222824734&pnref＝story

由」があると繰り返し主張し、国会の場で特定の報道に反論することが少なくない。報道の中身について事実関係が違うのであれば、報道そのものではなく報じられた事実関係について指摘をすることはありえよう。しかし、報道の中身の事実関係に対する批判と、報道したメディアを批判することは意味が全く異なる。

想像すれば簡単にわかる通り、国会の場で、報道のありようを議論するということは、その報道の善し悪しを公権力たる国会が個別に判断することに他ならないのであって、国会として可能な限り避けなければならないことだからだ。そしてもう一つ、国会を含む国は、市民的自由である表現の自由を保障する立場にあり、国（そして総理大臣）に表現の自由は保障されているのではないのである。

国会審議に密接に関係する個別の報道内容について言及することは場合によってはあり得ようが、審議事案に関係ないことを含めて、特定メディア媒体の報道内容について総体として言及することは、否定であっても賛同であっても、まさに公権力による報道機関に対する介入そのものである。したがって、国会議員なかんずく総理大臣として許されない行為であり、ましてや今回のような捏造を断定するような強い批判は、議員としての国会内の自由な発言の領域を逸脱するものであろう。

これは、安倍晋三であるとか、朝日新聞であるとかとは関係ない。政治家が、ましてや発言が絶対的に保護されている国会の場で、一方的に特定報道機関の報道を捏造であると決めつけ、そうした存在がさもなくなればよいかの如く発言することは、明らかに公権力から報道機関いわんや自由な言論活動に向けられた攻撃であって、許されないということだ。

そのうえ、こうした捏造発言はトップから一般議員に、〈きちんと〉伝染している。たとえば足立康史・衆議院議員は一七年十一月十五日の衆議院文部科学委員会で、朝日新聞が報じた「総理のご意向」文書報道に対し、捏造と繰り返し発言、その後も記者団に繰り返し同種の発言を行っている。もちろん、朝日報道批判はそれ以前からも続いているものであるが、その報道批判の声はより強まっているといってよい状況だ。

†メディア自身が作る「風潮」

こうした状況を作ってきたのが、新聞をはじめとするメディアの報道ではないか。ここでは、朝日新聞の例を取り上げているが、全く同じ構図が沖縄二紙についてもある。朝日新聞も、自社の攻撃に対しては抗議文を送り、紙面での反論を載せるなどの対応をしているが、沖縄二紙への攻撃に対しては音なしの構えを崩していない。特定者が攻撃されても他紙は関わらない姿勢をとるのは、いわばメディア界全体の「風潮」ともいえるものだ。

さらには、先に挙げた朝日捏造の首相発言を、翌日の新聞あるいはテレビ局が、ほぼそろって「事実」として報じていることに、より大きな問題がある。その主張に賛同するか否かを問わず、メディアに対する攻撃を共同して撥ね返すどころか、事実上、こうした批判を歓迎している節すらあるからである（たとえば、産経新聞デジタル版二〇一八年二月十三日付、読売新聞同月十四日付朝刊）。

それが先に示したように、安倍首相の発言を正しいものとして受け入れ、メディアは嘘ばかりついていて、潰す対象であるとのネット世論として広がっていく結果を生んでいると想像されるからだ。この市民社会と政府が一緒になってメディアを攻撃し、しかもそれが循環しさらに声が大きくなっていくという構図は、本書の最初で説明したここ二〇年弱の大きな特徴でもある。しかもこうした声がより大きく響き合うのは、歴史観や、安全保障、原発に関する国家政策で顕著である。こうした対象についての「負のスパイラル」は、二〇一三年以降により顕在化しているといえるだろう。

もう一度、はじめに掲げた偏向報道の三パターンに戻ろう。その二つ目が、情報隠し批判である。その典型は、新聞やテレビは自分に合った意見しか取り上げない、というものだ。この批判はとりわけ二〇一〇年以降、研究者の中でも広がり、一般化しつつある状況だ。その一例は世論調査で、新聞・放送は世論誘導をしているという手厳しい批判が、専門家からも投げかけられている。

たとえば、新聞社は調査にあたって、期待する回答を質問によって誘導しているというものだ。こうした批判は、主としてフリージャーナリストから始まりネットで拡散し、いまや広く市民社会に浸透している言説にまでなったといえるだろう。確かに、多くの新聞社の世論調査項目を見ると、質問につける「誘導的な」文言が気になることが少なくない。

その意味では、世論調査については、質問文を含めて数字を分析する必要があるし、新聞社側も、こうした調査手法に対する批判は常に気にして調査を継続する必要があるだろう。と同時に、読者・視聴者も数字そのものに一喜一憂しても、あまり意味がない。むしろ、同一の調査の経年変化については、意味があると思われるし、調査時点の空気感を知るということにおいては有効だ。

†量的バランス

三つ目の客観報道批判は、客観中立報道の限界を示しているともいえる。客観中立が受け手である読者・視聴者に分かりづらさを招いていないかという問題でもあり、あとで検討することになるが、ネット全盛時代に「主張」しないことの歯がゆさが、受け手だけでなく送り手であるメディアの側にも出始めていた。

伝統的に新聞や放送は、社説等の「論評」はその社の考え方が反映されてしかるべきだが、一般の記事は事実のみを伝える「報道」として分けて考えるべきだとされている。さらにいえば、放送の場合は放送法上、政治的公平が求められているため、論評であっても社の主張を表に出すことは好ましくないと考え、論評自体が存在しない局が多数である。いわば新聞にあたる社説は存在せず、「解説」のみがあるという仕掛けだ。

報道には主張を含むべきではないという考え方は、発表された事実をできる限りありのままに伝えることを良しとする取材・報道スタイルに繋がりがちだ。その結果、自らの存在を〝消す〟ことに違和感をもたなくなり、上司に取材メモを上げるだけの仕事にも疑問を持たずに淡々とこなすということになりかねない。最近よく話題になる、記者会見場でパソコンをたたく音だけが静かに鳴り響いている状況を生むことになるわけだ。

だからこそ、こうした状況を打開するために、発表情報に依拠する紙面・番組作りをさす〈発表ジャーナリズム〉を見直すべきだという機運が、メディア界内部にも存在している。とりわけ、東日本大震災取材・報道への批判を受けての自己反省が、こうした動きを後押ししているともいえるだろう。

ただし、事実（ファクト）や証拠（エビデンス）に基づき冷静・正確・迅速に記事を伝えることは、揺るぎなきジャーナリズムの基本である。その時に、意図をもって特定の事実を伝えなかったり、一側面のみを強調することは、事実報道に明白に反する。取材・報道における「客観性」は、この事実報道を担保するものとして必須である。

この客観中立性を阻害するものとしては、量的アンバランスと質的アンバランスが考えられる。「反対意見ばかり（賛成意見を無視）」との批判は量的問題と言い換えることができるだろし、「主張が強過ぎる」は質的問題といえそうだ。もちろん、多くの場合は量と質が両方とも関係してくる。

沖縄地元紙の米軍基地報道の場合も、量的バランスでいえば、基地ニュースの多さがよく指摘される。また質的バランスについても、辺野古新基地建設について反対のニュースしか載らないとの批判がよくされる。しかもこの両方が相俟って、沖縄の新聞は、常に基地の話ばかり取り上げ、反対運動を煽っている、という言い方に繋がっている。こうした

「アンバランス」が、なぜ沖縄の新聞(あるいはテレビ)について、ことさらに問題視されるのかを考えておく必要があるだろう。

†地ダネは六〜七割

量的な問題に関していえば、県紙として地元のニュース(地ダネ)を中心に据えて紙面作りをすることは一般的であって、沖縄地元紙もまさに平均並みに地ダネを報じていることを、データ上から示すことにしよう。その地ダネの中で基地関連ニュースが多いのは、米軍基地が日常生活に与える大きな影響を鑑みると、まごうことなく未解決課題として継続中の取材・報道対象であることから、むしろ当然の帰結といえる。小さな扱いをするという選択肢は、基地問題を抱える地元紙としてはあり得ないことになる。

以下、青森と福島を比較の対象としてみた。本書の対象である沖縄からは琉球新報を選択し、現在、原発(放射線)関連でのニュースが続き、結果として地元ニュース量が増えていると一般に言われている福島の県紙から福島民報を選択した。さらにもう一紙、青森の県紙である東奥日報を対象に加えた。理由としては、県紙としてオーソドックスな紙面作りであるとの評価がある新聞で、沖縄とはもっとも遠い県の新聞を選択したことになる(一番北は北海道新聞であるが、本書冒頭で説明したブロック紙であり、県紙とは紙面構成等が若干異なるため除外した）。

なお、地方紙の場合、その地域の大きなニュースがあると、特段の大きな扱いをすることは想像に難くない。最近では北陸新幹線開通で北國新聞は大特集を組んだし、同じことは東北新幹線の時の東奥日報にも当てはまる。あるいは、世界的なあるいは日本中に共通する大事件・事故の場合も、当然そのニュースが大きなスペースを使うことから調査対象としては好ましくなかろう。したがって、ここでの調査日はこうした「大ニュース」が発生していない日ということになる。

なお、いずれの場合も、声・オピニオン欄、商況欄、書評面、スポーツ面、囲碁・将棋欄などは除外した。例えば声欄であれば実際は地元読者からの投書がほとんどであるし、スポーツ面も県内外を分けて地元の試合結果を数多く紹介するほか、Ｊリーグやプロ野球でも地元のチームや出身者を大きく扱う傾向にあるが、厳密に地元か否かの区別が難しいこともあるため、一括して外している。同じことは書評欄にも当てはまり、通信社の配信を使用している場合もあるとは思われるが、地元関連の書籍が多いことから、独自の選書をしていることがわかる。

そのうえで、地元ニュースと県外ニュース（国際も含む）が、それぞれ何本あるかを数え単純集計した。量調査としては、本数ではなくスペース（記事行数や字数など）での調査、あるいは見出しの大きさ（段数調査）の方がより好ましい側面もあるが、傾向を知る上では記事本数でも、その紙面の地元優先度は十分に測定可能だ。平日・土日にかかわりなく、二〇一八年の紙面から月をまたぎ何日かをピックアップして三紙を調べてみたが、おおよそ一定の傾向を示している。

東奥日報は、どの日でもおおよそ地元ニュースの割合が五〜六割の数字を示す。いわば県外（とりわけ全国）ニュースも比較的数多く掲載されているということだ。福島民報は逆に地元ニュース本数の割合が高く、六割から八割の数字を示す。いまでも、震災特別ページ「ふくしまは負けない　明日へ」を連日持つほか、放射線モニタリング結果・環境放射線量測定値・福島第一原発付近の海水モニタリング結果・福島第一原発付近の天気と風向き、福島第一原発の状況（工事日程など）といった、原発・放射線関連の固定欄のほか、地元ニュースを丁寧に拾っている。

そして琉球新報は、その中間的な位置で、六割から七割が地元ニュース比率であった。最近の紙面では、「辺野古強行の現場から」といったタイトルでの、辺野古新基地建設現場の現場レポの欄がある。福島民報になぞらえれば、福島第一原発の様子を示しているのと同じともいえるだろう。事件・事故がない日の基地関連ニュースは、そうした地元ニュースの一割にも満たない一〇本以下だ。通常だと、2・3面の政治関連記事が比較的多く掲載される「総合面」と一番後ろのページである「社会面」で扱われる程度だ。

幅広に言えば五割から八割というこの傾向は、すべての地方紙を詳細調査はしていないが、おおよそ当てはまる数字でもある。その中間値ということで、本書で使用している「六〜七割」という言い方の正当性が理解いただけるだろう。なお、県紙共通の特徴で、対象三紙も例外ではないが、1面のトップ記事には原則として地元のニュースを扱うことが一般的だ。その場合に、福島であれば原発・放射線関連が、沖縄であれば基地問題が扱われることが少なくない。

そうしたなか、いったん事件・事故が起こると見出しの大きさや写真扱いも含め、大きな扱いをすることになる。そして実際に、基地関連の事故・事件が頻発しているがために、その都度、基地ニュースが量的に多くなるという構図だ。それが琉球新報であれば、「基地問題が多い」という印象を与えていることは想像に難くない。

†アンバランスでバランスをとる

さらに付言すれば、後で触れる点でもあるが、辺野古新基地建設に反対、日米地位協定の見直しを求める、といった立ち位置を明確に示した記事作りをしている。これが現時点では結果的に、現政権に厳しく対峙するという極めて分かりやすい編集姿勢を示すことになっていると言えるだろう。

また反対意見の多さについては、社会全体の情報量の見合いを考える必要がある。ネット・出版などでの情報量を考えると、一般的にいわれるとおり、インターネット上の声は沖縄メディアに対する厳しい批判の声に席巻されているといってもよい状況だ。さらには、国家政策である米軍基地の問題を報じる場合には、当然のことながら政府発表の情報量の度合いが高くならざるをえず、ストレートニュースとして官邸情報の伝達役になってしまわざるをえない。

それからすると、こうした政府情報やネットの声を勘案せず、単純に、通常の紙面作りで基地建設の賛否を同じように扱おうとした場合、一般市民（読者）にとっては、圧倒的に辺野古移設に賛成の情報に接する機会が多くなってしまう現実がある。それからすると、紙面でアンバランスであることがむしろ、社会全体の情報量の中でバランスをとる行為ともいえる可能性が高い。

あるいは、すでに触れてきた県民感情や県民世論を考えた場合、単純に賛否を同じくする形式的平等が、実態を大きく歪めてしまう危険性があるということにもなる。それは、数量公平でもイコール原則（一：一）でもない、民意の捉え方や表し方の問題だ。さらに厄介なのは、こうした形式的平等原則が少数の意見をより大きく見せる結果につながることだ。

この数量平等原理を「悪用」するのが昨今の教科書検定基準だ。そもそも、政府の厳しい事前内容チェックを受けたもののみを教科書と呼び、政府が定めた判断基準を逸脱した出版物に対し、事実上の発行禁止措置がとれる国は、民主主義国家を標榜する国ではない。それからすると、戦前の国定教科書制度に引きずられて、行政官が教科書内容を審査することのおかしさに気がついていないだけで、検定教科書制度は決して普遍的な制度ではないのである。

その麻痺の結果、行政機関によって恣意的に変更が可能な、行政基準の一つに過ぎない教科用図書検定基準に従い、行政権の執行者である文科省の常勤職員が教科書調査官として内容審査を実行しているのである。この調査が示す「検定意見」は、事実上の拘束力を有し、これに反した教科書の発行は一切認められていない。

しかもその教科用図書検定規則三条に基づく基準には、二〇一四年の変更に伴い「閣議決定その他の方法により示された政府の統一的な見解が存在する場合には、それらに基づいた記述がなされていること」「近現代の歴史的事象のうち、通説的な見解がない数字などの事項について記述する場合には、通説的な見解がないことが明示されているとともに、生徒が誤解するおそれのある表現がないこと」などが定められた。

あるいは「未確定な時事的事象について断定的に記述したり、特定の事柄を強調しすぎていたり、一面的な見解を十分な配慮なく取り上げていたりするところはないこと」が決まった。この結果、複数の説が存在するもの、たとえば南京虐殺や沖縄戦の集団自決などについては、両論併記が事実上義務付けられ、学術的には圧倒的な少数意見が、多数説と同列に扱われることで、正統性を確保するかの状況を生み出しかねない構造になっている。

†正しい比率は存在するのか

これと同様なことが日々の報道でも起きているということだ。単発的に少数意見を扱うことが、事情をよく知らない読者・視聴者にとっては印象に残りやすく、より大きな声として認知される結果を生んでいる可能性を否定できない。たとえば、先に触れた朝日新聞の反・反基地運動を大きくとりあげた記事（一四年五月十一日付朝刊「反『反基地』沖縄で表面化」）や、辺野古移設賛成を論調に掲げる新聞を言論の多様性の表れとして紹介する記事（一八年五月二日「みる・きく・はなす」はいま「『分断』映すメディア」）がこれに該当するだろう。

これら記事内容の一つひとつは「事実」ではあっても、そこで醸成される読者の沖縄イメージは、沖縄の民意を含めた現状を表すことになっていないと、沖縄県内では違和感を持って受け止められているからだ。日常的に限定された情報にしか接触しえない本土の読者にとって、むしろ現実以上に大きな存在として意識されるとした場合、これをもって「公平」な紙面扱いをしたということになるか強い疑問が残る。

そうしたなかで、ある特定のイシューに対して、どの程度「偏った」記事内容になってもよいのだろうか。黄金比率（七：三）や最低単位（九：一）が、実際の議論の中であげられることがあるが、そこに合理的な正しさを求めることはできるのだろうか。

メディアの特性として、地方メディアの地ダネ中心主義で六〜七割が地元ニュースであると既に書いた。住民の生活を重視し、とりわけ命・健康事項は最優先で考えるのがジャーナリズムである。弱い側に立つ基本スタンスのなかで、権力監視の機能を発揮する必要もある。そのためにも、身を硬くして中立を装うことは好ましくない。

もう一つの視点である質的バランスは、一般には特定の主張に与することの是非、という形で論じられることが多い。この点については、後に論じることとする。

2　在京紙と地元紙の報道格差

†八つの事件をもとに

次に、沖縄と本土の「温度差」を示すものとして、沖縄県紙と在京紙との間の報道の違いを確認していきたい。比較する対象紙としては、二紙ある沖縄県紙のうち沖縄タイムス（この節では「タイムス」）と、在京紙から朝日新聞（朝日）、毎日新聞（毎日）、読売新聞（読売）、産経／サンケイ新聞（産経）、東京新聞（東京）の五紙をとりあげることとする。

ここでは、沖縄県内で起きた以下の八つの事件を手がかりに、各紙の報道の違いを確認し、そこから何が報道の違いを生んでいるのかを見ていきたい。

・宮森小学校米軍飛行機墜落事故　一九五九年六月三十日
・東京オリンピック開催時の沖縄聖火巡回　一九六四年九月七日
・米兵少女暴行事件　一九九五年九月四日

・沖縄国際大学米軍ヘリ墜落事故　二〇〇四年八月十三日
・教科書検定意見撤廃を求める県民大会　二〇〇七年九月二九日
・辺野古基地移設知事承認　二〇一三年十二月二七日
・辺野古基地ボーリング調査開始　二〇一四年八月十八日
・名護民間地米軍ヘリ墜落事故　二〇一七年十月十一日

少し強引ではあるが、その報道格差を本土の報道側から色分けするならば、米軍施政下の「無理解」の時代、その後二〇〇〇年代半ばまでの「軽視（もしくは黙殺）」の時代、二〇〇〇年代半ばから翁長知事誕生までの「政治」の時代、そして今日に至る「対立」の時代に分けることができるだろう。

†無理解の時代

①宮森小学校米軍飛行機墜落事故　一九五九年六月三十日
三十日午前、米軍嘉手納基地所属のF100Dジェット戦闘機がテスト飛行中にエンジントラブルを起こし、パイロットはパラシュートで脱出、無人になった機体は本島中部の石川市立（現うるま市立）宮森小学校に墜落し炎上、この事故で児童一一人を含む一七人

	行数	写真	面	見出し
タイムス	292行	1枚	6/30 夕3	惨！宮森校にZ機墜落　死者十二負傷約百人　現場は阿鼻叫喚の渦　ミルク給食中の惨事　民家三十余むね全焼負傷者病院へ続々収容　一瞬火の海に
朝日	51行		7/1 朝11	死者は21人　沖縄の米軍機墜落事故
読売	18行		6/30 夕7	児童ら数十人死傷　沖縄で米機墜落、延焼
産経	33行	3枚	6/30 夕3	学童ら9人死亡　74人重傷　沖縄で米軍機、小学校に墜落
毎日	36行	1枚	7/1 夕5	死者25人負傷百21人　沖縄墜落事故
東京	17行		6/30 夕7	学童57人死傷　沖縄　米軍機、小学校に墜落

が亡くなり、二一〇人（児童一五六人、一般五四人）が負傷した。

タイムスの記事行数は他紙より圧倒的に多く、社会面のほぼすべてを使い、大きな写真とともに事件の詳細を伝えている。翌七月一日付朝刊では1面に写真七枚を配するなど全面展開の大きな扱いだ。二日付紙面では見出しに「取材記者も軟禁？」をとり、MP（米軍憲兵）によってとりわけ写真取材を妨害された様子を伝えている。

当時はまだ米国施政（占領）下で、日本あるいは米国のいずれの国の憲法も適用されず、県内の報道の自由は名目上のものに過ぎないなかでの報道であった。しかし今日の辺野古取材において、米軍を守るための刑事特別法で逮捕者が出たり、関連して取材も制限を受けるなど似た状況が生まれている。

読売、産経、東京は六月三十日付夕刊で一報、とりわけ読売は七月一日付朝刊で、「21人死に百余人ケガ　沖

縄の米軍機墜落　給食中の小学校火の海」の見出しのもと、写真付き一〇〇行を超える扱いで事件の惨状を伝える。朝日と毎日は三十日付夕刊の紙面で、見出しと短いリード文だけの記事を掲載、本記は翌一日となった。毎日の場合は両日とも、米国通信社であるUPI電を利用している（朝日も写真は米AP電）。二日付朝刊では、朝日や産経がコラムで扱うほか、特集も組まれている。ただし、在京紙は総じて小さな扱いで、これは相対的な関心の低さと情報の薄さの双方が相俟ってのことと推測される。

宮森小学校校内には、亡くなった子どもたちを慰霊するために「仲よし地蔵の碑（慰霊碑）」が設けられ、毎年６月30日には慰霊祭や追悼集会が行われている

②東京オリンピック開催時の沖縄聖火巡回　一九六四年九月七日

東京オリンピック開催に伴い聖火リレーが行われ、九月七日に沖縄に聖火が到着し盛大に祝われることとなった。米国施政下にあった沖縄だが、沖縄が日本体育協会に加盟していたことから、聖火リレー特別委員会により、国内聖火リレーは沖縄から開始されることとなった経緯がある（公益財団法人日本オリンピック委員会ＨＰより）。

	行数	写真	面	見出し
タイムス	96行	1枚	9/7 朝1	待望の聖火きょう到着　国内リレー開始 くり広げる歓迎絵巻
朝日	115行	1枚	9/7 朝1	聖火きょう沖縄入り　日本人走者の手へ 日の丸を飾って心待ち
読売	66行	1枚	9/7 朝1	きょう沖縄へ　歓呼受けて、台北入り
産経	100行		9/7 朝1	聖火、きょう沖縄へ
毎日	122行	1枚	9/7 朝1	聖火いよいよ日本へ　きょう沖縄到着 代替機も故障定期便で台北入り
東京	27行	1枚	9/7 朝1	きょう沖縄へ

いずれの在京紙とも、一日の社会面のほか、当日夕刊、八日紙面でも大きな扱いが続く。例えば朝日七日付夕刊は、1面で写真入りで伝えるほか、3面では全ページを使ってグラフ（写真）特集とし、さらに、6・7面でも写真入りの大きな扱いをしている。破格の大きな扱いといってよかろう。日本全体として聖火リレーは関心を集め、日本での出発地である沖縄県の様子も詳しく伝えられていることがわかる。

ただし宮森小学校事故とは異なり、オリンピックが国策であり国家行事の一つであったということとの関係を考えざるを得ない。スポーツの祭典といえども、沖縄に聖火を持っていくことは政治的判断が当然働いており、いわば「政治記事」の類いであるともいえる。それは読売の「〝一体感〟運ぶ聖火」（九月七日付朝刊）、「日本の土を踏む」（同日付夕刊）との見出しにも現れる。こういう「政治色」が強い記事の場合に、在京紙の扱いが大きくなるのは、い

	行数	写真	面	見出し
タイムス	192行		9/9 朝31	米兵が女子児童乱暴　本島北部３人がかりでら致　米軍が身柄を拘束
朝日	27行		9/9 朝39	婦女暴行の疑いで米兵３人に逮捕状　沖縄県警
読売				
産経	31行		9/9 朝27	小学女児を乱暴、米兵３人に逮捕状　沖縄基地
毎日	37行		9/9 朝27	米兵が女児暴行容疑　沖縄　３人組、車で拉致し
東京	33行		9/9 朝23	米兵が女児乱暴　沖縄、三人逮捕へ

まに続く一つの傾向といえるだろう。

軽視・黙殺の時代

③米兵少女暴行事件　一九九五年九月四日

四日、沖縄本島北部で小学生の少女が米海兵隊員ら三人に車で拉致され、暴行された事件。容疑者は米軍基地で拘束されたが、日米地位協定により、日本側が起訴するまで、身柄は基地内に置かれた。沖縄では八万五千人を集める初めての県民大会が開かれるなど、復帰闘争以来といわれた全県を挙げての基地縮小運動につながった。

　地元紙と在京紙の両者の違いは象徴的だ。初の県民集会が開かれるなど、県民の大きな怒りを生んだ事件に対し、在京紙は黙殺といってもよいほどの沈黙ぶりだからだ。タイムスが事件発覚後すぐに紙面化し、しかも極めて大きなスペースを割き、県民の憤りを強く表す紙面展開をした。ただしそのタイムスも、第二報は十二日付朝刊1面トップの「地位協定見直し含め抗議」で、これ以降大きな扱いが続いていくことになる。

これに対し、在京紙は単発的な短い記事が掲載されるにとどまった。読売に至っては、十四日までは記事が見当たらず、約一週間後の十五日付朝刊で「日米地位協定の見直し申し入れ／女児暴行事件で沖縄県」と僅か一四行の短信で伝えただけだった。ほかの在京紙の扱いも、同じ社会面でいえば麻薬密輸事件の犯人逮捕の方が大きな扱いだ。

報道のポイントも両者で異なり、在京紙は日米の政治的側面から日米地位協定を見出しに取るものが多かった。ちょうど社会党の村山富市首相が連立政権を組んでおり、政府が慎重姿勢を見せるなか、与党自民党が見直し方針を示す状況があり、こうした〝混乱ぶり〟が紙面に反映された格好だ。たとえば産経は、十九日以降、朝夕刊で連日「地位協定」をめぐる日米両政府の動きを追ったほか評論も掲載するなどした（二一日付朝刊では、総合面で「地位協定　政府、対応に二転三転　『主権』『安保』板挟み」、社説は「『地位協定』は現実的対応で」）。

まさにこれこそが、地元紙と在京紙の立場の違いを如実に表すものといえ、地元紙が県民の怒りを受けた紙面作りなのに対し、在京紙は見出しからしても政府の立場に立った（政府に寄り添った）紙面作りを行っている印象を与えている。

	行数	写真	面	見出し
タイムス	160行	1枚	8/14 朝1	米軍ヘリ、沖国大に墜落　本館に接触、炎上　乗員一人重傷二名が軽傷
朝日	42行		8/14 朝1	沖縄米ヘリ、大学内に墜落　兵士三人けが「普天間」に隣接
読売	45行	1枚	8/14 朝31	米軍ヘリ、大学に墜落　乗員重軽傷、学生ら避難　沖縄・宜野湾
産経	42行		8/14 朝27	米軍ヘリ大学に墜落　校舎に接触し炎上、乗員3人負傷　沖縄
毎日	66行		8/14 朝1	米軍ヘリ大学に墜落　米兵3人負傷　普天間基地近く　沖縄
東京	17行		8/14 朝1	米ヘリ、大学内に墜落　沖縄　普天間近く、民家に被害

④沖縄国際大学米軍ヘリ墜落事故　二〇〇四年八月十三日

十三日午後、訓練中だった米軍普天間飛行場所属の大型輸送ヘリコプターCH53が沖縄国際大の構内に墜落、炎上。搭乗員三人が負傷したが、休み中であったことが幸いし学生らにけがはなかった。校舎は壁が激しく焦げ、部品が近くの民家に飛び散った。整備不良が原因とされ、県警は航空危険行為処罰法違反の疑いで四人を書類送検したが不起訴に。米軍は整備士四人を降格や減給などの処分にした。

事故時、米軍は普天間基地内からフェンスを乗り越えて大学校内に入り、すぐに現場に直行、大学関係者ほか、県警及び取材に入った報道関係者をすべて締め出した。その際、記者に対して撮影妨害を行うほか、恫喝まがいの厳しい対応を実行した。琉球朝日放送がいち早く現場の校舎内を撮影、米海兵隊員との激しいやり取りの様子が放映された。

この記事の扱いは話題を呼んだ。なぜなら、ちょうどこの日に、アテネオリンピックが開幕したり、巨人軍の騒動で渡邉恒雄巨人軍オーナーが辞任したことを受け、在京紙ではヘリ事故の扱いより、これらを大きく扱う新聞が多数を占めたからである。扱いは在京テレビ局でも同じであった。典型は読売と産経で、1面では事故を扱っていない。扱った朝日や毎日も、トップ記事は渡邉オーナーだった（東京は五輪）。また、当日以外の続報でも、在京紙は当日夕刊・翌日朝夕刊とも、扱いは総じて小さく、関心の薄さがうかがわれる。一方で、タイムスは、全部で一一面を費やしての特別紙面構成で詳報した。

内容でも、米海兵隊による事故現場の〝封鎖〟を地元紙やテレビ局が大きく扱い問題視したが、紙面からは在京紙にはこうした問題意識が極めて希薄であるように見受けられる。本書でもすでにふれた基地問題の中核を占める日米地位協定の問題に触れるかどうかが、この事故の見方を大きく左右したわけであるが、本土紙の中ですぐに反応した社はなかったということだ。こうしたことが、基地問題なかんずく日米間の米軍基地の扱いを、沖縄のなかに封じ込めることにつながるといえる。

ただしそのなかでも毎日は、十四日付朝刊で、1面のほか社会面で大きな扱いをし、早い段階でヘリの「機械的不具合」を指摘、県民の怒りを伝えている。とりわけ西部版では、十四日付朝刊段階で住民の証言をもとに事故の詳細を伝えるほか、米軍ヘリ事故の年表をつけた大きな扱いの記事を載せるなど力の入った扱いで、この積極的な紙面展開が東京に影響を与えていると想像される。

一方、産経は事実のみ伝える記事で、続報も同様な扱いであることから、大きな事件でないとの価値判断が読み取れる。在京紙でも違いがみられた事例で、いまから振り返ると、その差異が表れ始める一つのきっかけであったといえるだろう。なお、同事故をめぐる報道の詳細については、報告書が刊行されている（沖縄国際大学南島文化研究所「米軍ヘリ墜落事件は、どのように報道されたのか――全国マスメディア対象悉皆調査」海兵隊ヘリ墜落事件報道実態調査研究会報告書、二〇〇六年一月十三日）。

またこのころから、基地に対する立ち位置が本土紙と沖縄地元紙で明確に異なってくるようになる。その典型的な主張は「海兵隊駐留に関し沖縄の地理的優位性はなく、戦略上ではなく政治上の理由」という考え方を、地方紙が明確に紙面化してきていることだ。これに対し本土紙はその後も、「海兵隊が東アジアの安全のために寄与しており、沖縄駐留は抑止力として効果的」との日米両政府の公式見解に基本的には沿う報道を行ってきたのである。

この政府方針をそのまま鵜呑みにするか、最新状況に応じた分析結果からの結論を大切するかは、辺野古新基地建設をめぐるスタンスにも大きな影響を与え続けている。したがって、基地建設に対して懐疑的・批判的な立場に立っているとみられる社の紙面には、翁長知事誕生以来、ようやくこの種の抑止力批判が登場するようになってきている。それでも、沖縄では議会で与野党を超えて「海兵隊の撤退」を決議するような認識と、中央政府・東京との格差は果てしなく大きいといえる。新聞論調の違い（温度差）も、まさにこの認識の違いとパラレルなものだ。

この日米間の闇の根源ともいえる日米地位協定への強い問題意識は、本来であれば日本国そのものの問題であるにもかかわらず、提起し続けるのはもっぱら地元メディアということからも明らかである（その一つの象徴が、琉球新報取材班による日米地位協定の運用実態を暴いた『外務省機密文書　日米地位協定の考え方　増補版』〔高文研、二〇〇四年〕である）。

✝政治の時代

⑤教科書検定意見撤廃を求める県民大会　二〇〇七年九月二九日

沖縄戦で日本軍が住民に「集団自決」を強制したとの記述が教科書検定で削除された問題で、検定意見の撤回を求める超党派の沖縄県民大会が二九日、宜野湾市の海浜公園で行われた。参加者は主催者発表で一一万人、今日に至るまで最大の「島ぐるみ」の集会となった。集会では、検定意見の撤回と記述の回復を求める決議を採択した。

	行数	写真	面	見出し
タイムス	全面	3枚	9/30 朝1	11万人結集抗議　島ぐるみ「史実守る」
朝日	108行	1枚	9/30 朝1	沖縄11万人抗議「集団自決強制」削除 教科書検定「撤回を」
読売	45行	1枚	9/30 朝38	「検定抗議」沖縄11万人集会 「集団自決」教科書巡り
産経	27行		9/30 朝28	沖縄戦「集団自決」教科書検定　撤回求め11万人集会
毎日	71行	1枚	9/30 朝1	教科書検定沖縄11万人抗議大会集団自決「強制」記述回復求め
東京	94行	1枚	9/30 朝1	11万人島挙げて抗議 「集団自決は強制」削除するな

タイムスは、1面と最終面を通しですべてのスペースを集会の記事で埋めるなど、特別紙面構成で県民集会の様子を詳しく紹介した。これに対し、産経は事実のみの報道で、写真もない小さな扱いであった。朝日は、沖縄県の現状を報道するとともに、人権問題や歴史的事実を忘れてはならないという原則を書き込んでいる。他の在京紙も、厳しい批判の声を紙面化している。

東京は、かつてはそれほど大きな扱いをしてこなかったが、近年、紙面展開を大きく変えている。一般にいわれるところでは、二〇一一年の東日本大震災を経て「変わった」とされており、いわゆる〈提言報道〉を打ち出し、論調をはっきり打ち出すようになった。その中でたとえば反原発もそうであるし、この沖縄問題も辺野古新基地建設に反対という主張が編集方針から読み取れる。

具体的には、たとえば沖縄国際大学米軍ヘリ墜落事故以前は夕刊や社会面で記事を取り上げており、その扱われ方も小さく共同配信をそのまま使用している感が強かった。しかし、沖縄教科書検定撤回を求める県民大会あたりから、少しずつ変わったのではないかと感じられる紙面作りだ。集会翌日の朝刊1面に取り上げて以降、特報面で報道するなど、より詳細に沖縄の出来事を報道してきている。また、記事の内容も、沖縄県民の基地負担に対する不満や辺野古移設に反対することを伝える記事が多くみられ、政府の沖縄政策への反対姿勢色が強い。

同じことは、二〇一二年九月九日のオスプレイ配備反対県民集会報道にも当てはまる。日米両政府に配備計画の見直しと普天間の閉鎖・撤去を求め開かれた集会だ。タイムスが朝刊1面で大きな扱いをした一方、在京紙の多くは、翌日朝刊が休刊日であったことから夕刊で集会開催を短く伝えるにとどまった。読売や産経は記事中で、あえて知事欠席に触れている。

この流れは、二〇一三年一月二八日のオスプレイ配備反対の建白書提出報道にも続く。沖縄県内の市町村の全首長・議長ら約三〇人が二八日、首相官邸で安倍晋三首相と会い、米新型輸送機オスプレイ配備撤回と米軍普天間飛行場(宜野湾市)の県内移設の断念を求める「建白書」を提出した。手渡し後の都内でのデモ行進で、一団に対し「非国民」などのヘイトスピーチがなされた。なお、当初は菅義偉官房長官が応対していたが、首相との面会を求める沖縄側の希望を受け入れ、首相が五分ほど同席し「皆さんの意見に耳を傾け

	行数	写真	面	見出し
タイムス	全面	1枚	12/28 朝1	辺野古埋め立て承認　知事「基準に適合」新基地建設へ道筋
朝日	84行	1枚	12/28 朝1	調査、国着手へ　沖縄知事、埋め立て承認
読売	93行	1枚	12/28 朝1	辺野古承認を表明　沖縄知事普天間移設前進　「県外」方針は維持　首相「英断に感謝」
産経	66行	1枚	12/28 朝1	辺野古埋め立て承認　沖縄知事　普天間移設へ前進
毎日	117行	2枚	12/28 朝1	沖縄知事苦しい弁明「県外移設公約変わらぬ」辺野古承認政府、建設準備へ
東京	158行	2枚	12/28 朝1	県民怒りの鎖　仲井眞知事　埋め立て承認

ながら基地負担軽減に向けて頑張っていきたい」と述べた、と報じられた。

タイムスが一番大きな扱いであることはいうまでもないが、在京紙では東京と毎日が首長たちの行動を詳しく伝えている。一方、朝日と産経は事実のみの報道だ（読売は関連記事が見当たらない）。

⑥辺野古基地移設知事承認　二〇一三年十二月二七日

安倍首相は二五日、仲井眞弘多沖縄県知事と会談、新たな基地負担軽減策を説明。これに対し、知事は「驚くべき立派な内容だ」と評価し、普天間基地の移転先として政府が決定した辺野古の埋め立て申請を二七日に承認した。各紙記事は二五日以降断続的に続いていた。表は二八日付朝刊のみで比較している。

取り上げた新聞すべてが、写真入りの大きなスペースを割いて朝刊1面で報道しており、沖縄基地問題の契機である知事の辺野古基地移設は日本全体の関心事であることがうかがえる。また、新聞によって知事に賛成もしくは反対の立場がはっきりしているのが特徴的であった。タイムスは、1面と最終面をすべて関連記事で埋めるほか、全部で一二面を使って報じた。

読売は、沖縄事案について朝刊の1面で取り上げることが少なく、全般的にあえて抑え目の紙面作りをしていると想定される。また紙面作りの方針も、政府方針を支持するという点でぶれがない。承認の記事でも、事故の危険性や騒音問題が解決する方向に向かうとして、県知事の承認を肯定する視点で記事が構成されている。二八日の紙面から拾っても、「首相『英断に感謝』」（1面・見出し）や「日米同盟強化へ重要な前進だ　沖縄の負担軽減を加速させたい」（社説・見出し）に、編集方針とともに社論としても承認支持が見てとれる。

産経の特徴は、あえていえば経済効果に着目した記事作りが挙げられる。東京オリンピック聖火巡回などの記事でもその傾向があるからだ。「普天間移設へ前進」「負担の軽減抑止力両立」（二八日付朝刊）の見出しに現れるように、政府方針・知事承認を支持する立場を明確にしているが、さらに特徴的なのは、市民の抗議活動に対する扱いだ。

どの紙面でも、承認の方針が報じられた二七日に、市民が県庁一階のロビーで座り込み、反対の意思表示をしていることが伝えられている。そのなかで産経は、「辺野古埋め立て反対派1000人　県庁なだれ込む」との見出しのもと「『共産党』『革マル派』『反住基ネット』『学生自治会』……。広場には反対グループを構成する団体の看板やのぼりが掲げられた」（二八日付朝刊）と報ずる。

翌二九日付朝刊紙面でも、「『本音は容認』言えぬ市民」の記事中で、「抗議集会に参加しているのは一般市民ばかりでなく、本土から来た左翼活動家や、労組なども目立つ」と記す。また早くも、「刑事特別法適用へ　海保も導入、妨害即検挙」（同日付）と、その後の状況を予告するかのような記事もある。

毎日は、今回取り上げた事例からみる限り、在京紙の中では政府の沖縄政策に対する批判的な姿勢を示している。教科書検定意見撤廃を求める県民大会やオスプレイ配備反対県民大会の記事など、沖縄の政府への抗議の意思を大きく取り上げているし、辺野古移設承認時に仲井眞知事に対し批判的である一方、沖縄県知事選挙で翁長が当選し辺野古移設が見直しになったことを1面に据え、新知事誕生を好意的にとらえているからだ。また、沖縄県民の基地移設反対の声を積極的に紹介している。

いずれにせよ、問題が「政治化」し、東京（日本）の問題となることで、紙面扱いは格段に大きくなる。とりわけ教科書検定以降その傾向は顕著で、埋め立て承認を伝えるニュースにおいても、当日（二八日）紙面に限ってみるならば、「在京紙∨地元紙」の結果を生むことになっている。

この時点で、沖縄県民の「怒り」は在京紙で十分共有されているとは言い難い状況ではあったものの、沖縄と東京の間の溝はまだ「温度差」というレベルではなかったかと思われる。一方で、在京紙の間でも、すでに沖縄との距離感に相違は見られてはいたものの、「辺野古新基地やむなし」からは脱却しきれない状況が紙面から伺えるのがこの時期の特徴だ。この紙面から受ける印象は、翌二〇一四年一月の名護市長選においても継続している。

†対立の時代

⑦辺野古基地ボーリング調査開始　二〇一四年八月十八日

辺野古新基地建設を進める防衛省は十八日、埋め立て予定地で、初の海底掘削工事となるボーリング調査を実施した。事実上の工事開始である。

在京紙は、十八日付夕刊でボーリング着手を伝え、十九日朝刊で続報しており、必ずしも比較対象の十八日付朝刊が報道のピークではないが、埋め立て工事の実質的開始という節目をどう報じているかを確認した。読売は深入りすることなく工事開始を手堅く報じている印象だ。翌十八日付夕刊でも写真を使い、「辺野古ボーリング着手　知事選前の終了

	行数	写真	面	見出し
タイムス	51行	2枚	8/18 朝1	辺野古きょうにも掘削　防衛局海上に作業台船
朝日	28行		8/18 朝3	辺野古沖の調査きょうにも実施　ボーリングの台船設置
読売	98行	1枚	8/18 朝25	ボーリング調査きょうにも　辺野古沿岸台船を設置
産経	4行	1枚	8/18 朝1	ボーリング調査着手　辺野古移設
毎日	57行	1枚	8/18 朝27	辺野古沖にジュゴン
東京	93行	2枚	8/18 朝1	辺野古海底調査に着手　沖縄知事選控え反発必至

目指す」と続報を流している。それをさらに徹底すると産経紙面ということになる。関心を持っていないと気がつかない扱いだ。

在京紙でもっとも大きな扱いは東京で、朝刊1面で写真や地図を交えて報じるとともに、2面・23面と大きな紙面展開をしている。そこでは「作業強行　市民排除」「海保の船、軍艦のよう」などを見出しに取り、工事着手に反対の意思が紙面から読み取れる。「辺野古沿岸で海底掘削開始　反対派、海上で抗議」（十八日付夕刊2面）、「『辺野古の海守れ』抗議　海底掘削開始　予定地近くで集会」（十九日付朝刊3面）と、反対活動の様子を積極的に伝えている。

朝日は夕刊で、「辺野古、オバァは折れない」の見出しのもと、反対してきた地元のお年寄りたちの「諦めない」気持ちを伝える。また毎日は夕刊で、「抗議の間隙縫い『既成事実化』批判の声も」の見出しのもと、識者の批判コメントを掲載している。いわばこの段階で、辺野古新基地建設を認めるか否かで、紙面作りがはっきり分かれる状況になったといえるだろう。

それにともない、先に述べた意見の相違は、「温度差」から「対立」へと変化していくことになる。この対立は、沖縄と本土紙の間とともに、在京紙間においても明確になる。このことは、こと沖縄・辺野古事案にとどまらず、政治課題ひいては日本社会全般に共通する傾向となり、社会の分断化が社会的課題になっていくことになる。第一章で触れた一四年以降の社会状況をまさに表しているということだ。

この構図はそのまま二〇一四年沖縄県知事選挙にも当てはまる。二〇一四年十一月十七日の紙面だ。1面ではおおかたニュートラルな選挙結果を伝えているが、朝日は翁長が掲げた「沖縄の誇り」をキーワードとして紙面作りをするほか、社説で「辺野古移設は白紙に戻せ」を見出しに掲げた。一方で読売の社説は「辺野古移設を停滞させるな」で、記事でも「辺野古振興どうなる」との不安を指摘する。また、産経が1面見出しに「工期遅れ懸念」を入れていることが目立った。

さらには、二〇一六年九月十六日の法廷闘争で、県が全面敗訴した際の報道も同じパターンである。辺野古をめぐる県と政府の争いは、裁判の場でも続いている。仲井眞前知事の辺野古埋め立て承認に違法性（法的瑕疵）がなかったかどうかを検証する第三者委員会の検証報告書が出されたのが一五年七月。これを受けて同年十月に、翁長知事（当時）は埋め立て承認の取消しを沖縄防衛局（政府）に対して行った。これに対し、国交省（これも同じ政府）が、是正の指示、裁判、そして代執行と、立て続けに県を責めているというのが基本構図だ。同時に十月二九日には、政府が辺野古の本体工事に着手している。

その最初の国交省からの「是正の指示」の段階で翁長知事は、国地方係争処理委員会に申し出たが、国指示の適否は判断せず結論は裁判所に預ける形となった。県は国に協議を求め提訴しなかったものの、実質審議はないまま国が提訴し、法廷闘争が始まった。この間、沖縄防衛局からは国交大臣あてに、裁判による工事の中止を避けるため、取消の効力の執行停止や審査請求が出されるなど、工事同様に行政手続きの面でも強硬策が続いた。

まさに、国地方係争処理委員会に申し出ても門前払いされ、裁判の場に出ざるを得ない状況を作られ、国交省からは訴訟を起こされと、沖縄県側は政府のペースで一方的に法廷の場に引き摺り出されているという印象すらある。一六年三月には、福岡高裁那覇支部が示した①埋め立て工事を直ちに中止する②判決が確定するまで円満解決に向け協議する③確定判決には従うことが柱の和解を、国と県の両者が受け入れた。しかしながらその後も、国は協議のテーブルに着くことはないまま、工事が進む状況が続いた。

一六年七月の、国側が沿岸部の埋立承認を取り消した知事の対応を違法と訴えた訴訟でも、最高裁は一六年十二月二十日、知事による承認取消は違法との一六年九月の高裁の判断を支持した。また、国の是正指示に従わない知事の対応も違法とした。もともとは辺野古の埋め立てには、公有水面埋立法によって「其ノ埋立ガ環境保全及災害防止ニ付十分配慮セラレタルモノナルコト」とあることから、知事が公有水面の埋め立てを許可するには環境保全に配慮しなければならないとなっていた。今回の埋め立ては、サンゴ礁やジュゴンなどの生態系を大きく壊すことから環境破壊につながるというのが県側の主張だ。

五度目の法廷闘争である、無許可の岩礁破壊は違法として県が国の工事差し止めを求め一七年七月に起こした裁判も、一八年三月十三日に那覇地裁は、「県の訴えは裁判の対象にならない」と一蹴、同時に仮処分の申し立ても退けたことから、工事が止まることはなかった。沖縄県は、おおもとの承認の「撤回」という、法的措置としては最後の切り札を使い、政府が二〇一八年八月十七日に予定していた土砂投入に待ったをかけた。その過程の八月八日に、翁長知事が病気のため死去し、繰り上げ選挙が実施されることになったことから、工事が中断した経緯がある（二〇一八年八月末現在）。辺野古への移設は今後、順調に工事が進んでも一〇年はかかると言われるなか、「埋め立て」という大きなハードルを巡って二〇一八年は大きなヤマ場であったということだ。

	行数	写真	面	見出し
タイムス	85行	3枚	10/12 朝1	米軍ヘリ　高江で炎上　CH53民間地で大破
朝日	64行	1枚	10/12 朝1	沖縄　米軍ヘリ炎上・大破
読売	49行	2枚	10/12 朝39	沖縄米軍ヘリ炎上、大破
産経	34行	1枚	10/12 朝28	沖縄の民間地　米軍ヘリ、訓練中に出火　緊急着陸、大破　けが人なし
毎日	59行	1枚	10/12 朝1	沖縄米軍ヘリ　不時着、炎上
東京	46行	1枚	10/12 朝1	米軍ヘリ　沖縄で炎上　北部訓練場近く民間地に着陸

⑧名護民間地米軍ヘリ墜落事故　二〇一七年十月十一日十一日夕刻、米軍の大型輸送ヘリコプターが飛行中に機内から出火し、沖縄県東村高江の米軍北部訓練場付近の民間牧草地に不時着後、大破し炎上した。数百メートル先には住宅地があった。炎上したのは、米軍普天間飛行場所属のCH53E大型ヘリコプターで、〇四年八月に沖縄国際大学に墜落したヘリと同型機だった。牧草地は事故の影響で土壌から有害な発がん性物質が検出され使用ができない状態となり、甚大な被害をもたらした。

在京紙間での量的差はそれほどないが、その扱い方には差が出た。おおよそパターン化してきており、政府対応を紙面化する産経、読売と、「地位協定の壁」を問題視する朝日、毎日である。また掲載面についても、一面かそれ以外かで差が出ている。ただし、総じて「けが人がいない」ことを理由に、扱いを小さくした沖縄国際大学の墜落事故に比して、写真も使い、相当程度の大きさの扱いをしている点は、時間の経過を感じさせるものだ。奇しくも、墜落したヘリはその時の事故と同型機であった。

†沖縄が「闘っている」もの

在京紙のうち東京、朝日、毎日は、教科書検定に反対する県民集会以降、近年の記事において、県民の基地負担に対しての不満の声を報道するなど、政府への政策変更を求める視点がみられる。一方で読売や産経は、知事の辺野古への基地移設承認や辺野古基地ボーリング調査開始の記事において、辺野古移設が沖縄の基地問題解決の前進につながるとして好意的に取り上げており、政府の政策を評価する。

また、在京紙における沖縄の事件や出来事の取り上げられ方が時代を経るにつれてより大きくなっていることがわかる。報道量は、教科書問題のころからより増大しているといえるだろう。各新聞社によって事件ごとの記事の取り扱われ方は異なるが、朝日や東京の二〇〇七年の県民大会の記事量にしても、読売や産経の沖縄県知事の辺野古移設承認の記事が1面で報道されるようになったことからも、もはや沖縄ニュースが「全国」ニュース化してきていることがわかる。二〇一四年のいわば一地方の首長である沖縄県知事選挙についても、各新聞社がそれぞれの社説を織り交ぜつつ多彩な報道をしていた。

ただしこれは、政治問題として取り上げている側面が強く、沖縄県民に寄り添うというよりは、政府の主張を伝えるという面が強く見受けられる。事象が政治問題化すると、東京視点での記事量が増す結果、沖縄報道全体の量的増加が見られるという構図だ。その結果、本土において沖縄に関する関心が増している一方、県民はわがままといった感情も増幅している側面があるのではないかと推測される。

報道内容も、社会の二極分化を反映した二極分断の状況にある。場合によっては、悪意を持った批判すらなされている。こうした結果、沖縄が「闘っている」ものは、かつては米軍であり、国民の無関心であったといえようが、いまは日本政府であり、本土の偏見であり、そして県民の亀裂にかかわってきている。その結果、状況はより深刻度を増している。

かつては、大手の新聞・通信、そして場合によって放送局にも、「沖縄担当記者」あるいは「基地担当記者」が存在した。同じように、いまでも沖縄地元紙には「基地担当記者」がいる。しかし大手の新聞から、沖縄担当記者が消えつつあるという話をよく聞く。もちろん、担当というのは便宜的な言い方で、沖縄関係ニュースに継続的な視点でウォッチし続ける記者がいるかいないかということだ。

歴史的観点も含め、沖縄問題を価値判断できる記者がいることが、大きなニュースだけでなく、日常的な沖縄を報じる際に意味を持ってくる。それなしには、単に報道量が増え

辺野古代執行訴訟で和解を受け入れた後に会談した、首相と沖縄県知事のツーショット
右／読売新聞2016年３月５日付朝刊１面（よみうり報知写真館）
左／沖縄タイムス2016年３月５日付朝刊１面（共同通信）

ただけでは意味がないどころか、むしろ読者・視聴者に誤ったイメージを与えかねないということを知っておかなければならないだろう。

それは首相と知事が面談した際の二人のツーショット写真の絵柄でさえも、読者に違ったイメージを与えるからだ。上に示すものは、読売とタイムスに掲載された写真であるが、政府と県の関係性を如実に表しているともいえる。ここに示す以外も、東京は両者の相対する会談の様子、他紙は握手のシーンであるが、新報・日経は両者正面向き、毎日・産経は対等に向き合うシーンであった（産経は、知事が前を見据え、首相が目線を外す握手の瞬間をとらえる）。

こうしたちょっとした写真の扱い一つをとってみても、報ずる側の記者なかんずく社の意識が現れるともいえ、この読み重ねが受け手である読者に、異なる沖縄イメージを与えることになっているのではなかろうか。

3　主張するメディア

沖縄メディアとりわけ地元二紙は、あえていえば「怒りのメディア」ということができる。それが、通常は本土紙を目にする者にとって、強い違和感を生じしめ、場合によってはそれを「偏向」と呼ぶ者がいるという構造を担っている。そこでここでは、なぜ「怒り」が紙面上に現れるようになっているのか、逆に本土紙がなぜ怒りを示さないのか、について考えることにしよう。

†「ビジネス」としての戦略

実際の「怒り」の内実は、強い主張であるといえる。これは、沖縄県民のいわば共通した強い思いと言い換えることができようし、声をあげて言わざるを得ない状況の現れであるともいえるだろう。これに対して本土紙は、社として、あるいは紙面として、強い主張をすることは総じて控える傾向にある。なぜなら、それは客観報道にもとると考えているからである。

この極めて日本的な報道ルールであるところの「客観中立」「不偏不党」「公正公平」は具体的に何を指すのであろうか。そもそもこれらは、報道倫理としてどのような意味を持ってきたのであろうか。

日本の現在の新聞が、党派性を持たない中立的な紙面作りをしているのには、歴史的に二つの理由があると考えられている。一つは、現在の全国紙にあたる大部数の新聞が、もともと党派性を持たない大衆新聞をめざしていたからである。そしてもう一つは、党派性を有する新聞が地方には数多くあったものの、戦時中の統合により県内で一つにまとめられ、中立性を保たざるを得なくなったことがある。

新聞の誕生期である明治期においては、そのルーツから大《おお》新聞と小《こ》新聞が存在し、前者がいわゆる政論新聞系の政治的主張を明確に持った新聞群で、後者は事件・事故といった社会ネタを中心とする新聞群だ。日本の多くの新聞はそのルーツを政論新聞にもつが、現在の大手紙である朝日新聞、読売新聞の両紙がそうであるように、現在の新聞の主流は主張より社会ネタ中心の小新聞系の新聞であるといえる。政治的に無関心な庶民や婦女子を対象としたとされる、口語体で振り仮名つきのものがその典型的な形態だ。

それは明治時代の最大級の部数を誇る新聞であった時事新報（福澤諭吉の創刊）の経営的成功によって、他の新聞もこぞって同様の経営手法を採用するに至り、さらにこれらの新聞が日清・日露の戦争を通じて大きく部数を増やし、そして大正デモクラシーの時代に自由な言論を手に入れ、さらに大きな新聞市場を拡大していったからである。

たとえば、現在のグーグルやフェイスブックが、かつての新聞のように政治的主張を強く有するかといえば否である。米国大統領選の時に、ニューヨーク・タイムズやワシントン・ポストが、支持政党を表明するのに対し、党派性がないのが特徴である（ただし、進取の意識が高いことから民主党に近いとされている）。

なぜなら、そこには「ビジネス」としての戦略から、党派性を持たないことがマーケット戦略上有利であるからだ。それはあまりに当たり前であるが、より大きなマーケットを占めようと思えば、一方の党派のみを顧客として抱えるよりは、当然、すべてのユーザーを抱え込む方が良いに決まっているからだ。

日本の新聞も全く同じで、すでに明治期においてこうした発想で、ビジネスとしての新聞業を成功させようとしたわけだ。もちろん、そこにはより多くの日本国民を啓蒙しようとの強い思いがあり、それが大学の開学等にもつながっているわけであるが、新聞の発行も、政論新聞ではなくより大きなターゲットを狙い「不党不偏」を当初より掲げて、紙面編集を行った。

†主張を示す

一方で近代国家の成立とともに、明治政府は国家政策を徹底する必要から政府の「伝聞役」となるべく、新聞発行を奨励、各県の主要都市で数多くの地方紙が創刊されることになった。まさに雨後の筍状態であったわけだが、ここから徐々に集約される過程で、政友会系（自由党、憲政党、政友会など）と反政友会系（改進党、進歩党、憲政本党など）の新聞が各地で二大新聞として勢力を競うようになっていく。

これら明治初期の新聞は政論新聞と呼ばれ、さらにこれらの新聞が、現在の地方紙（県紙）のもとになっている。明治期から大正デモクラシーを経て昭和の時代に至るまで、これらの新聞は一定の勢力を保持し、その地方を代表する言論機関として存続してきた。

そして戦時中の、情報統制のための手段として実行された一県一紙体制により、強制的に一つの新聞に統合され、そうした政治的バックボーンを持たない、現在の「中立的」新聞となったといえるだろう。元来、政治的思想ごとに媒体が発行されることは至極当然のことであり、古今東西、多くのメディアはこうして誕生し、発展してきたともいえよう。

このように現在の中立的色彩が強い、日本独特の編集方針は、報道倫理上の帰結ではなく、ビジネスのためであったり、国策による強制の結果の産物であることが分かる。その中で戦後も、むしろ新聞側も、中立性を逆手にとって、部数を伸ばし、また多くのメディアへの特恵的待遇を政治的に獲得してきたともいえるのである。もし、党派性が強ければ、国家としてメディアを補助しようという制度は生まれなかったであろうし（社会的にも賛同されないであろう）、選挙期間中の政見放送のような中立性を前提とした制度も誕生しなかったであろうからだ。

それからすると、前項の冒頭にも書いた、メディア（新聞）は中立公正でなくてはならない、あるいは偏向報道は許されないというのは、幻想にすぎないということになる。むしろ、もし「偏向報道」が許されないのであれば、それは「権力におもねる」という意味での偏った報道を指すことによって、報道倫理に適うことになる。

ジャーナリズム倫理として、「公正さ」は大切な基準であるといえ、その公正さとは、真ん中をさすのでも中庸をさすのでもなく、むしろ社会に埋もれがちな小さな声を拾うことや、弱い者の側に立つことを指す概念だからだ。これからすると、沖縄二紙の紙面編集方針が、公正さを実践する報道であることが分かるのであって、「偏向」報道批判は誤った解釈に基づくものといえる。

同じことは「不偏不党」にも当てはまり、これは特定の党派に偏らないという意味であって、政治的主張を排するという意味ではない。しかも偏る先として、為政者に寄り添うことはジャーナリズムとしての存在を自ら否定することになりかねない。放送法に定める「不偏不党」の中身も同じである。

むしろ、党派性を排すがいつのまにか政治的中立と同義になり、そのために中庸な意見を述べ、明確な主張はしないことを良しとする、日本独特の報道スタイルが確立したことになる。それは別の言い方をすると、政府批判はほどほどにという、予定調和の政府批判のみが許容され、それを超えると途端に「偏向報道」として拒絶されることになるということだ。

†感情を示す

もう一つ、表現が過激だ、という意味から「偏向」批判が生まれている側面がある。沖縄紙の場合、〈紙面が怒っている〉ことは確かだ。新聞は、大事件になるほど見出しが大きくなるのが一種のルールだ。そしてその見出しの大きさは、段数で表示される。一段がベタ扱いの記事で、小さな事件・事故などはこの扱いだ。次いで、二段、三段と大きくなり、このあたりになってくると複数の見出しが立つ（つく）のが一般的だ。

さらに大きな扱いとなると、見出しは横に大きく掲げられることになる。鉛活字を使っていたころのなごりで、ヨコ凸版と称される大見出しだ。県民大会、基地関連の事故が起きると、最近は両紙とも最大級の「横見出し」になることが多い。こうした状況をもって、沖縄の新聞を「感情的だ」と呼ぶ人が出てきているわけだ。

ついでにいえば、さらに大きな扱いとしては、最上級の「ラッピング」紙面が存在する。通常の紙面を包むように、特別紙面を外側につける方法だ。ただしこうした紙面構成は、事前の準備や調整が必要なため、突発的な事件・事故というより、あらかじめ予定が立っている場合に使用されるのが一般的だ。例えば大規模な県民大会や、東日本大震災の節目紙面などがこれに該当する。

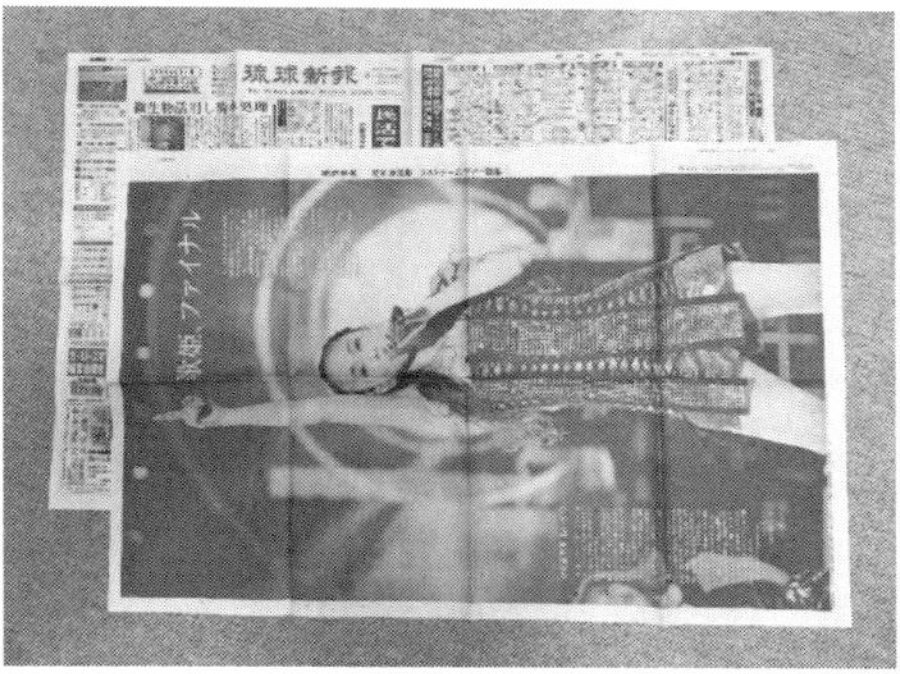

琉球新報が発行した2018年６月６日付紙面。安室奈美恵の引退を記念しての特別紙面で、手前がラッピング紙面で、下の通常紙面を巻く形で発行された。沖縄タイムスも８月２日付で同様のラッピング新聞を発行

見出しが大きくなりがちな理由の一つには、怒りの蓄積があるといえる。沖縄県は国に対し様々なアプローチ（法廷闘争を含む）をしているものの、政府からは一貫して受け入れがたいとの意思表示が伝わっている。それどころか、暖簾に腕押しで話し合いのテーブルに着くことすら拒否してい

る。菅義偉官房長官・沖縄基地負担軽減担当大臣は、話題になった知事就任当初の県知事との直接会談とその後の一連の訴訟手続きが始まるまでを除くと、それ以降、沖縄を訪問しても、知事はおろか県側と一切接触をしない状況が続いている。そうしたなかで、オスプレイの配備は進み、辺野古新基地建設が「粛々」と進行する状況を前に、表現はより強く、扱いはより大きくなりがちだ。

その結果、本土から行った観光客が、沖縄のホテルで地元紙を手にし、いつも接するメディアと大きく異なる紙面の作りや言葉の使い方を偶然目にした時、ネットで無意識のうちに接している偏向イメージと結びつき、「やっぱり」との確信に変わるということになるようだ。

さらには、これらの根底には高い政権支持率の影響もあるだろう。政党支持でいえば、先に示した世論調査からも明らかな通り、沖縄県下でも自民党が他党を大きく引き離し、相対的に圧倒的多数を占める。その政府にいつまでも反対し、しかも工事はまったく止まらないという諦め感、これが無駄に反対し続ける「糞《くそ》メディア」との評価を振り撒くことになっている。沖縄県下でも、偏向報道批判の本は高い売れ行きを示している。政府方針と相違があること、政府方針に反対し続けていることは悪いこと、というイメージの醸成だ。

†強い主張となる背景

そうしたなか、一方では、反対活動はより実力行使型にならざるを得ない実態がある。また、こうした運動が旧来型の運動を継続していることに、若年層が引き気味であることも関係しているかもしれない。例えば、キャンプ・シュワブのゲート前で歌われる歌一つとっても、若い世代には「古臭い」というイメージを持たれがちだ。あるいは、紫外線よけに首にタオルを巻き、マスクをかける姿を見て、まるで顔を隠した過激派集団みたいとして、「近寄りがたい」との認識を持つことも多い。

そもそもシュプレヒコールをしたり、座り込む行為自体「カッコ悪い」し、そんなことをしても無駄ではないか、との冷めた視線を投げかけることが少なくない。もちろん、実際に現地に行って、しかも座り込んでいるおじさん、おばさんたちと話をすると、こうした「誤解」は溶けて、止むに止まれず現場に来て意思表示をしている普通の人たちであることに気がつくのであるが、その間の空間的時間的距離は果てしなく遠いし、圧倒的な多数は、ネット上の情報で抗議活動をする人たちを判断することにならざるをえない。

さらに沖縄の固有性・県民性として、表現が大きくなりがちな側面も関与していると思われる。選挙戦をみても沖縄は独特で、幟旗など、選挙管理委員会が違法の可能性があると指摘はしても、歴史・風土から、派手な選挙戦は変わらない。同じような傾向が紙面上の見出しの取り方に現れていると思われるからだ。したがって、むしろ少しオーバーめの表現をすることが「当たり前」であって、本土紙のようなおとなしい言い方では、「いったい何を言おうとしているの」と、逆に県民に違和感を待たれてしまいかねないことになる。

もちろん、単に表現が激しく見えるだけではなく、その基礎には、「怒り」があることを忘れてはなるまい。その歴史性（沖縄戦・米軍支配の歴史）と継続性（基地・差別の連続）が、その根底にあるということだ。こうしたなかで、感情を表に出さざるを得ない状況にある。一般に「理性メディア」といわれる新聞として、最大限の声をあげていることになる。

むしろ、沖縄メディアに接し、「ヘン」と思うのではなく、こうした怒りの原点が何かについてほんの少しだけでも想像力を持つことが求められている。いわんや、そうした主張がはっきりしていることをもって、「偏向」しているというのはお門違いであることに気がつかなくてはならないだろう。むしろ、冷静を装い、おとなしい紙面を作ることに、沖縄を除く日本全体が慣れてしまっているのが現状ともいえるからだ。

実際、昨今の政治状況を見た場合、事態が一向に改善しないことに対して、倒閣運動に与しないことは正しいとしても、ジャーナリズム機能の弱体化を感じないではいられないという意味において、実は本土の新聞も同じ課題を抱えていることになる。一年以上にわたって、公文書の破棄・改竄・隠蔽の問題を指摘しながら、全くこたえていないかに見える政府を目の前にして考えざるを得ないはずだからである。

ではこうした主張が本土紙にないのかといえば、そうしたことはない。近年の典型例でいえば、読売新聞の改憲報道、東京新聞の一連の提言報道が挙げられよう。あるいは、朝日新聞の原発報道では「エッジを立てる（角度をつける）」報道が議論の対象にもなった。朝日新聞に限らず、新聞にせよ放送にせよ、あるいは他のメディアの場合も、報道は記事にストーリー性を持たせるのが、むしろ一般的だ。読者・視聴者に伝えたいことを伝えるのに、ストーリーは必要であるし、立ち位置はあって当然だろう。

ただし、報道倫理上、許されない点があることには留意が必要だ。想定する結果に合わせるために、ストーリーに合わない事実にあえて触れないことは、事実報道との領域を逸脱する。朝日新聞の原発事故報道が糾弾されたのも、まさにこの点である。

ネットによる沖縄へイトの拡散とリアル化により、ネット上による「神話（誤解）」の拡大と雑誌・出版・地上波への拡大が同時進行で進んでいる。そして、沖縄イメージの固定化が着実に広がっているということだ。それは、メディアの偏向、過激派・プロ市民による反対運動、地元住民は基地に賛成、沖縄県民は利己主義、中国の脅威を意図的に無視——といった、いわば「デマ」及びそれに近い言説である。

こうした言説に沖縄地元紙が、まじめにきちんと反証することが、主張が強いメディアというイメージをさらに強固にしているという悪循環を生んでいる。だからこそ、この輪を断ち切るにはジャーナリズム全体の協力が必要だ。この点に主義主張は関係がない。ジャーナリズムの信頼性を取り戻すため、自らの存在意義《レゾンデートル》を確保するための基本動作の一つだからだ。それは、自らの自由を確保し、社会的機能としてのジャーナリズムを社会認知させるためには不可避なものでもある。

終章

権力

前章の「怒り」とも深く関与するが、政府は一連の沖縄メディアの立場を好ましく思っていないことは明らかだ。それが、節々の行動や発言に露出することになる。近年の事例からあげるならば、二〇一一年の「犯す前に言わない」発言、一四年の自衛隊基地設置記事抗議、一五年の自民党若手勉強会での「潰せ」発言などがあげられる。

†自由と公共性の軽視

こうした公権力の動きに呼応した市民の側の動きがあるのも、近年の特徴であることは前に触れた。あるいはまた、市民の動きに呼応して政府がより強面《こわもて》の対応を実施しうるという面もあり、双方の相乗効果が生まれている。政府の情報コントロールあるいはメディア政策は、決して好ましいものではないが、ある意味では為政者が必ず有する指向でもある。

ここしばらくの深刻な状況としては、政府もそして市民社会も、表現の自由を軽視する状況が生まれている。それは安倍政権に限らず、自民党全体の体質になりつつある。自民党に限らず、与党全体さらには野党にも、同じ感覚が少なからず存在する。過去にさかのぼっても、北方ジャーナル事件、外務省沖縄密約事件など、歴史に名を残す表現の自由が裁判で争われ、言論の自由にとって不幸な結末を迎えた事件の発端は、当時の野党の行為からである。すべてを政党のせいにするわけではないが、思いが至らなかったということについては否定しえないであろう。

それにしても最近の政権党の姿勢は、表現の自由の尊重という観点からは度を越している。すでに触れたように、表現の自由に「配慮」するという名目で、これまでにない厳しい直接的な規制の可能性を含んだ法律を次々と成立させている。国連からのアラームについて、事実に反すると、まさにはやり言葉の「オルタナティブ・ファクト」論で、対話することさえも拒否している。

そして首相に言論の自由があるといって、とことん異論を排除するだけでなく、自分に批判的なメディアを事実上、市場から排除することにまで言及してもいる。むしろ、社会全体にこうした風潮を広めることに熱心だ。

さらにもう一つ、メディアの公共性にも全く無頓着だ。民主主義にとって、ジャーナリズムの活動は不可欠で、政治家はむしろこうした社会的機能をきちんと守っていく役割があるはずだ。にもかかわらず、放送はＮＨＫだけあれば十分といった政策を官邸主導で画を描くなど、経済論理一辺倒の考え方は文化を破壊することになりかねない。

ジャーナリズム、そしてそれを支える法社会制度としての言論の自由は、「ガラスの城」に例えられることがある。見た目は美しく輝いているが、壊れやすく簡単にヒビが入る。いったんはいったヒビは徐々に広がり、城自体を瓦解させる。いまの日本は、すでにヒビが目に見える状態にまで広がっている。しかもそのヒビ割れを入れている張本人が政府だ。

そのできたヒビを広げようとしているのが、残念ながら一部のマスメディアだ。さらにそれを取り巻くネットの言説が、何とかヒビの広がりを食い止めようとする努力を無にしている。

†沖縄メディアに強いられる闘い

沖縄の現状に即していえば、政府は、政府の意に添わない報道を「誤報」として抗議し、政府に反対する活動を取材する記者を拘束し、自民党は沖縄紙を潰そうと煽り、報道は捏造だと言ってはばからない。こうした政府の姿勢を有名人が支持するのを、ネット住民が拍手喝采で迎えるという構図だ。

さらにマスメディアも、地上波テレビで沖縄ヘイトを堂々と報道し、新聞も沖縄地元紙を貶める記事を流している。いずれも、事実に反する内容で、前者はBPOがその虚偽を指摘し(放送倫理検証委員会一七年十二月十四日の意見)、後者は報じた新聞社が謝罪に追い込まれた(産経新聞一八年二月八日付朝刊のお詫びと削除記事)。

産経新聞は二〇一七年十二月十二日付朝刊（もとは同月九日のインターネット配信記事）で、「日本人救った米兵　沖縄2紙は黙殺」の見出しのもと、米兵の「勇敢な行動をスルー」「メディア、報道機関を名乗る資格はない。日本人として恥だ」などと、沖縄二紙を批判する内容の記事を掲載していた。これに対し、沖縄地元紙が事実に反すると抗議をしていた。

こうした番組や記事が、地上波テレビや全国紙で流れるということは、すでに相当程度、この種の内容の報道を許容する土壌が社会にあり、報道することのハードルが下がっていることの表れである。メディアの中ですら、そして社会全体にも、「沖縄の新聞は偏向している」「ちょっと変わった新聞」といった認識がほぼ定着している。あえていうならば、二〇〇〇年少し過ぎからの一五年間になされた、「イメージ操作」が成功裏に完結しつつあるということだろう。ちょうどその時期に辺野古新基地建設があたったというわけだ。

もし知事が代わらなかったら、こうした問題が浮上することもなく切り抜けられたかもしれない。しかしちょっとした一言から知事が代わり、県民の怒りは広がり、その中で沖縄メディアはいわば「最後の闘い」を強いられているといっても過言ではない。

それは、政府批判の自由を担保できるか、公共的マスメディアとしての紙の新聞を存続できるか、地方発の情報発信の重要性を担保できるか、そして、ジャーナリズムは社会に必要かどうかを問う闘いである。自信を失いつつある日本のジャーナリズムのなかで、その活気は大きな救いだ。

†#沖縄でよかった

当時の復興大臣がパーティの席上で発した一言「これはまだ東北で、あっちの方だったからよかった。もっと首都圏に近かったりすると、莫大な甚大な被害があったと思う」をきっかけに、ハッシュタグ「東北でよかった」が話題になった。逆手にとって、東北の素晴らしさがネット上で広がったからだ。

これに敢えてなぞらえていえば、太平洋戦争下で国内唯一の地上戦があったことも、米軍基地が過度に集中していることも、北朝鮮からのミサイル攻撃の最初のターゲットも、「沖縄でよかった」という思いが、広く確実に本土には存在していると思われる。そしてそうした国民意識を広めるのに積極的あるいは消極的に加担してきたのが、マスメディアと呼ばれる新聞・放送ではなかったか。

たとえば、辺野古新基地建設に伴う一七年四月の大浦湾埋め立てに向けての節目となる護岸工事着手を迎え、菅官房長官の「普天間基地の返還に向け着実な一歩」という会見が報じられた。その後で、翁長知事が発した「工事を絶対阻止する」という言葉に、「なんでまだぐずぐず言っているの」と感じる読者・視聴者が一般に多いのではなかろうか。

次なる課題もある。もしそう言われた場合に、「いやいや沖縄はすでに十分基地負担をしてきて、さらに新しい基地はいらないと言っているだけなんだよ」とか「海兵隊の基地を増強する必要性はなく、むしろ撤退方向にあるんだよ」とか言っても、「でも普天間がなくなるなら、少しぐらい我慢すればいいのに、なんか意固地になってない？」とか「でも、トランプも海兵隊をさらに増強するって言ってるよ」などと言われる。そうすると話が長くなってしまい、聞いている周りも引いてしまうなか、でも……といって、一生懸命そして意固地に〈説得する〉ことになってしまう、という状況をどうするかだ。

いわば「わかりやすさ」の前に、理屈が一歩も二歩も退くような状況にあるといえるだろう。なぜそうなってしまうのかを考えた時、その一つは確かに、反対派にとっては「新基地はいらない」が合言葉としてわかりやすいものの、一方で政府をはじめ基地建設容認派や米軍の抑止力に強く期待する向きからすると、同意できないスローガンであるとされる。いわば最初からお互いが議論を拒絶する言葉で対峙してしまい、そのため相手の言葉をアタマから拒否することが続いているということになる。

†マスメディアにできることは

こうした状況を打開するために、いまのマスメディアができることは何だろうか。一つは、沖縄基地問題を国民共通の課題として議論の俎上にのせるためには、「ノーモア・ヒロシマ」のような誰にとっても拒否感の少ない言葉を窓口にして、議論を進める土俵の作り方かもしれない。その場合、こうした言葉を作り出すこともまた、ジャーナリズムの大切な役割だと思う。ただし、こうした「合言葉」は、社会全体のある種の共通した認識が存在していることが前提でもある。いわば「緩やかな合意」ともいうべき、多くの人が意識的あるいは無意識のうちに了解している社会ルールだ。

日本社会におけるその代表は、これまでであれば「戦争はしない」ということであっただろう。そのうえにたっての「ノーモア・ヒロシマ」ということだ。古くは第五福竜丸事件を契機にしての原水爆禁止の署名活動も、少し前で言えば八〇年代の全国を席巻した平和大行進も、思想を超えた社会的合意の現れであったといえるだろう。同じものがいま現在の日本社会にあるかといえば相当に怪しい。

そうなると、こうした「ことば」を探し当てることは、極めて難しい作業になることが予想される。あるいは少なくとも、社会的合意を探りあてるための土俵作りを、誰かがしていかなくてはいけないだろう。従来は、こうした社会的機能を世論形成機能と呼び、当然のごとくマスメディアたる新聞（あるいはテレビ）の役割であると考えられてきた。それをいま一度、実行することの必要性である。

そしてもう一つは、日常的にオキナワを繰り返し報じること、しかもその時に必ず歴史的視点を入れることだ。同じことは原発報道にもいえる。反核から核の平和利用に転換し、地方振興のために絶対的な安全神話に守られて原発政策は国策として進んできた。あるいはその背景には、米国の核政策も絡んでいるし、国家エネルギー戦略も、エネルギー資源が乏しい国にとっては大きな課題であり続けてきた。そうした複雑な歴史をすべて飛ばして、再稼働反対だけを唱えても、少なくとも推進側の理解はまったく得られないし、まさにいまの全体状況が、総論としては原発はなくした方がいいけど、各論としてはおらが町の原発は早く再稼働してほしい、ということになっているわけだ。

こうした「国策」を根本から問い直すことは難しい。あれだけの大惨事があって、国民の過半が原発に疑問を持ちつつも、再稼働がどんどん進み、国は積極的に原発輸出を画策し、それを黙認している国民がある。同じく米軍基地についても、その被害は明らかで、何よりも県民の圧倒的多数が政府方針に異を唱えても、政府は一度たりともそうした声に耳を貸そうとすらせず、一度決めた新基地建設を急ピッチで進めている。

いずれもこうした既成事実を積み重ねることで、異論を事実上排除し、何事もなかったように事態は進行している。そうしたなか、「沖縄でよかった」にいかにハッシュタグをつけるか、それは紛れもなく市民力ではあるが、同時にそうした基盤を作る役割がメディアにはあるはずだ。

沖縄地元メディアはいま、その役割を必死に行っている。それに対し、少なからずの本土のメディアは、こうした沖縄メディアを偏向報道と全否定するか、そうでなくてもこうした主張が理に合わないことを強調することで、政府方針を正当化している。結論として辺野古の移設・新基地建設が良いにしろ悪いにしろ、こうしたメディアの姿勢が、私たちの民主主義にとって、どのような影響を与えることになるか不安だ。元来、ジャーナリズムの役割は溝を埋めることであるはずなのにである。

本書を通じて見えてくることは、沖縄報道は日本のジャーナリズムの写し鏡であり、沖縄は日本の民主主義のリトマス紙であるということだ。あるいは逆に考えれば、沖縄から日本のいまが見えるのであって、沖縄ジャーナリズムこそがその窮地に立つ日本を救うことができる可能性を秘めていると思う。

おわりに

今年の夏も学生とともに沖縄を訪れている。勤務校で実施している正規科目「沖縄ジャーナリズム論」の現地集中講義のためである。十年前はまだ、辺野古港脇の海岸からカヌーを繰り出し、キャンプ・シュワブ沖まで漕ぎ出して、綺麗な海を満喫できた。あるいは、基地との間も低い有刺鉄線があるだけで、少し頑張れば飛び越えられる程度であった。それが、年ごとに様相を変えていき、基地との間には立派なフェンスが敷設され、二四時間監視カメラが稼働している。

もちろん、海へ気楽にカヌーで漕ぎ出すなどありえないし、何もなかった基地ゲート前の風景も一変した。そしてこの状況の変化こそが、昨今の沖縄を取り巻く状況を象徴している。厚い境界線を作り、緊張感を駆り立て、そして対話を拒否し、対立を煽っているように見えるからだ。そうした状況になればなるほど忘れられるのが、その地で生活している住民だ。

そうした中で、学生は普天間周辺や、高江や辺野古、あるいはオスプレイ被害にあう宜野座の区長や住民と会い、話を聞き、その苦悩と向き合うことで、東京では見えていなかった本当の沖縄を知ることになる。それが、将来ジャーナリズムの道に進むにせよ、そうでないにせよ、いまの日本が抱える問題を正面から考えるきっかけになっている。しかし残念ながらすべての人がこうした貴重な経験をすることはできない。むしろ、一般にはメディアを通じて沖縄を知り、日本の中の沖縄を考えるしかないからだ。

だからこそ、メディアの役割は大きいし重い。

いま、世界は「強者の政治」が広がっている。アメリカもロシアも中国も、イスラエルもトルコもポーランドも、声が大きな支配者による、プチ「カリスマ的支配」によって、少数意見は切り捨てられ、メディアは強いコントロールを受けて、言論の自由はどんどん弱まっている。残念ながら、日本もその例外ではない。むしろ「先進国」の中ではトップランナーかもしれない。

そしてこれをチェックする社会的機能を有するはずのジャーナリズムは、自らの報ずるニュースこそが真実であると主張することで、結果として社会には「事実」が溢れかえり、「オルタナティブ・ファクト」が蔓延し、それがマスメディア総体の信頼を下げる結果を生んでいる。それに紛れて「フェイク・ニュース」も次々発信されている。

強者の政治とオルタナティブ・ファクトの組み合わせは、為政者にとっては最高かもしれないが、市民社会にとっては大きな危機だ。こうした危機を救うのは、原因の一方であるメディアの自助努力しかなかろう。健全なジャーナリズムの回復を急ぐしかないということだ。本書の冒頭にも書いたとおり、その方向性を考えるヒントは、沖縄のジャーナリズム活動をめぐって「いま」起きていることである。
　本書が、その理解を少しでも助け、日本のジャーナリズムと表現の自由の擁護に寄与できることを願う。

『沖縄報道』は、フリー編集者・佐藤美奈子さんの企画によるものだ。同氏の的確なアドバイスがあって一冊の本にまとめ上げることができた。なお、本書の一部はすでに発表していた雑誌や新聞への寄稿をベースにしている。『季論21』『現代の理論』や共同通信配信記事などであるが、初出を列挙していない点につきご容赦願いたい。刊行にあたっては、新書編集長の松田健さんと、編集部の藤岡美玲さんにお世話になった。この場をお借りして厚くお礼申し上げたい。

二〇一八年九月　　沖縄・伊江《いえ》島にて

山田健太

沖縄ジャーナリズムを知るための文献一覧

【年史・事典】
『RBC　開局5周年記念　琉球放送』琉球放送、一九五九年
NHK沖縄放送局史編集事務局編『NHK沖縄放送史――NHK・OHK70年のあゆみ』NHK沖縄放送局、二〇一二年
『OTVの歩み』沖縄テレビ放送、一九七四年
沖縄朝日新聞社西銘順治編『沖縄大観 復刻版』月刊沖縄社、一九八六年
沖縄県文化振興会史料編集室編『沖縄県史　各論編（5）近代』沖縄県教育委員会、二〇一一年
『沖縄市史　第九巻　戦後新聞編』沖縄市、二〇一三年（CD-ROM）
沖縄大百科事典刊行事務局編『沖縄大百科事典 上』沖縄タイムス社、一九八三年
沖縄タイムス社『激動の半世紀――沖縄タイムス社50年史』沖縄タイムス社、一九九八年
沖縄タイムス社『新聞・沖縄戦後史――沖縄タイムス社史』沖縄タイムス社、一九六九年
沖縄タイムス社史編集委員会編著『社史・新聞三十年――沖縄タイムスが生きた沖縄戦後史』沖縄タイムス社、一九七九年
『沖縄テレビ5年の歩み』沖縄テレビ放送、一九六四年
『沖縄テレビ7年の歩み』沖縄テレビ放送、一九六六年
『沖縄テレビ放送のあらまし』沖縄テレビ放送、一九六七年

『沖縄テレビ10年の歩み』沖縄テレビ放送、一九六九年
沖縄テレビ放送50年史編纂委員会編『沖縄テレビ放送50年史』沖縄テレビ放送、二〇一〇年
沖縄テレビ放送総合企画室編『沖縄テレビ30年史』沖縄テレビ放送、一九八九年
沖縄放送協会史資料保存研究会編『沖縄放送協会史』沖縄放送協会史資料保存研究会、一九八二年
那覇市市民文化部歴史資料室『那覇市史　資料篇　第3巻5　戦後の社会・文化2』那覇市、二〇〇五年
『20世紀放送史』（本史編　上・下、資料編）日本放送協会、二〇〇一年
『日本外交主要文書・年表（一）』鹿島平和研究所、一九八三年
『日本新聞協会60年史』日本新聞協会、二〇〇六年
『民間放送50年史』日本民間放送連盟、二〇〇一年
八重山毎日新聞五十年史刊行委員会『八重山毎日新聞五十年史』八重山毎日新聞社、二〇〇〇年
『琉球朝日放送10年史』琉球朝日放送、二〇〇八年
琉球新報社編集局編『復帰後全記録　現代沖縄事典』琉球新報社、一九九二年
（琉球新報社編集局編『現代沖縄事典』日本図書センター、二〇一一年）
琉球新報社編『琉球新報80年史——資料にみる沖縄の世相』琉球新報社、一九七三年
琉球新報百年史刊行委員会編『琉球新報百年史』琉球新報社、一九九三年
琉球新報百二十年史刊行委員会編『琉球新報百二十年史』琉球新報社、二〇一三年
琉球放送企画部編『琉球放送十年誌』琉球放送、一九六五年
琉球放送株式会社50年史編纂委員会編『琉球放送50年史』琉球放送、二〇〇五年
『ローカルに徹せよ　ラジオ沖縄35年のあゆみ』ラジオ沖縄、一九九五年

【書籍】

阿部岳『ルポ沖縄　国家の暴力――現場記者が見た「高江165日」の真実』朝日新聞出版、二〇一七年
安里慶之助『テレビはじまりや　ミニ放送外伝』一九七八年（非売品）
安里慶之助『放送余聞　草創期のラジオ・テレビ』一九八九年（非売品）
池宮城秀意『沖縄のアメリカ人――沖縄ジャーナリストの記録』サイマル出版会、一九七一年
池宮城秀意『沖縄の戦場に生きた人たち――沖縄ジャーナリストの証言』サイマル出版会、一九八二年
池宮城秀意『沖縄反骨のジャーナリスト――池宮城秀意セレクション』ニライ社、一九九六年
糸洲安剛『沖縄印刷業発展史』タイムス住宅新聞社、一九九五年
沖縄タイムス社『報道圧力――時代を読む／沖縄の声届ける』沖縄タイムス・ブックレット、二〇一五年
沖縄フリージャーナリスト会議編『沖縄の新聞がつぶれる日』月刊沖縄社、一九九四年
川端俊一『沖縄　憲法の及ばぬ島で　記者たちは何をどう伝えたか』高文研、二〇一六年
月刊沖縄ブックレット1『マスコミの内幕』月刊沖縄社、一九八九年
島清『わが言動の書　沖縄への報告』沖縄情報社、一九七〇年
新聞労連新聞研究部編『安保・沖縄報道　たたかう新聞記者たち』労働旬報社、一九七〇年
玉城朋彦『沖縄でテレビを創る』メディア・エクスプレス、二〇〇四年
玉城朋彦『沖縄放送研究序説――テレビ報道の現場から』出版舎Mugen、二〇一〇年
辻村明・大田昌秀『沖縄の言論――新聞と放送』南方同胞援護会（至誠堂）、一九六六年
仲新城誠『翁長知事と沖縄メディア――「反日・親中」タッグの暴走』産経新聞出版、二〇一五年
仲新城誠『国境の島の「反日」教科書キャンペーン――沖縄と八重山の無法イデオロギー』産経新聞出版、二〇一三年

仲新城誠『偏向の沖縄で「第三の新聞」を発行する』産経新聞出版、二〇一七年
南風原英育『南の島の新聞人――資料にみるその変遷』ひるぎ社、一九八八年
真久田巧『戦後沖縄の新聞人』沖縄タイムス社、一九九九年
宮城悦二郎『沖縄・戦後放送史――一九四五―一九七二年』ひるぎ社、一九九四年
森口豁『ヤマト嫌い――沖縄言論人・池宮城秀意の反骨』講談社、一九九五年
門奈直樹『沖縄言論統制史』現代ジャーナリズム出版会、一九七〇年
（門奈直樹『アメリカ占領時代　沖縄言論統制　言論の自由への闘い』雄山閣、二〇〇六年）
比嘉辰博『沖縄の新聞再生　多メディア時代の生き残りをかけて』新星出版、二〇一〇年
比嘉辰博『沖縄はみだし縮刷版――一新聞人の回想』新星出版、二〇一一年
前田昭治『沖縄の放送史』NHK沖縄総局、一九七〇年
吉岡至編著『地域社会と情報環境の変容――地域における主体形成と活性化の視点から』関西大学出版部、二〇一四年
山口真也『図書館ノート　沖縄から「図書館の自由」を考える』教育史料出版会、二〇一六年
安田浩一『沖縄の新聞は本当に「偏向」しているのか』朝日新聞出版、二〇一六年
琉球新報社『沖縄戦新聞――沖縄戦60年』琉球新報社、二〇〇六年
琉球新報社『沖縄戦後新聞』琉球新報社、二〇一七年

○外務省密約事件（西山記者事件）

澤地久枝『密約――外務省機密漏洩事件』岩波現代文庫、二〇〇六年
西山太吉『機密を開示せよ――裁かれる沖縄密約』岩波書店、二〇一〇年

西山太吉『決定版　機密を開示せよ――裁かれた沖縄密約』岩波書店、二〇一五年
諸永裕司『ふたつの嘘――沖縄密約［1972-2010］』講談社、二〇一〇年
山崎豊子『運命の人　一～四』文春文庫、二〇一〇～二〇一一年

索引

＊メディアは、沖縄メディアを中心に採った

【さ行】

【た行】

【な行】

【は行】

【ま行】

【や行】

【ら行】

【わ行】

ちくま新書
1362

沖縄報道《おきなわほうどう》
——日《に》本《ほん》のジャーナリズムの現在《げんざい》

二〇一八年一〇月一〇日　第一刷発行

著者　山田健太（やまだ・けんた）

発行者　喜入冬子

発行所　株式会社　筑摩書房
東京都台東区蔵前二-五-三　郵便番号一一一-八七五五
電話番号〇三-五六八七-二六〇一（代表）

装幀者　間村俊一

印刷・製本　三松堂印刷　株式会社

ISBN978-4-480-07177-4 C0236

ちくま新書

939
タブーの正体！
——マスコミが「あのこと」に触れない理由
川端幹人
電力会社から人気タレント、皇室タブーまで、マスコミ各社が過剰な自己規制に走ってしまうのはなぜか？『噂の眞相』元副編集長がそのメカニズムに鋭く迫る！

1142
告発の正義
郷原信郎
公訴権を独占してきた「検察の正義」と、不正や不祥事を捜査機関に申告する「告発の正義」との対立、激変する両者の関係を腑分け。問題点から可能性まで考察する。

1220
日本の安全保障
加藤朗
日本の安全保障が転機を迎えている。「積極的平和主義」とは何か？　自国の安全をいかに確保すべきか？　これらの点を現実的に考え、日本が選ぶべき道を示す。

1253
ドキュメント 日本会議
藤生明
国内最大の右派・保守運動と言われる「日本会議」。改憲勢力の枢要な位置を占め、国政にも関与してきた。謎めいたこの組織を徹底取材、その実像に鋭く迫る！

532
靖国問題
高橋哲哉
戦後六十年を経て、なお問題でありつづける「靖国」を、具体的な歴史の場から見直し、それが「国家」の装置としていかなる役割を担ってきたのかを明らかにする。

923
原発と権力
——戦後から辿る支配者の系譜
山岡淳一郎
戦後日本の権力者を語る際、欠かすことができない原子力。なぜ、彼らはそれに夢を託し、推進していったのか。忘れ去られていた歴史の暗部を解き明かす一冊。

1346
立憲的改憲
——憲法をリベラルに考える7つの対論
山尾志桜里
今あるすべての憲法論を疑え！　真に権力を縛り立憲主義を取り戻す「立憲的改憲」を提起し自衛権、安全保障、違憲審査など核心問題について気鋭の論客と吟味する。